外資銀行進入
對東道國銀行績效
影響研究

馬如靜 編著

財經錢線

目　錄

第一章　導論 / 1

　第一節　研究背景與意義 / 1

　　1.1.1　問題提出 / 1

　　1.1.2　選題意義 / 3

　第二節　國內外相關研究進展 / 6

　　1.2.1　內外資銀行績效比較研究 / 7

　　1.2.2　外資銀行進入對東道國銀行績效影響研究 / 8

　　1.2.3　發展中國家外資銀行進入研究 / 10

　　1.2.4　簡要評價 / 12

　第三節　研究方法與技術路線 / 13

　　1.3.1　研究方法 / 13

　　1.3.2　技術路線 / 14

　第四節　研究內容與結構安排 / 16

　第五節　主要創新 / 17

第二章　外資銀行進入動因分析 / 19

　第一節　外資銀行概念界定 / 19

　第二節　外資銀行跨國經營的理論基礎 / 20

　　2.2.1　內部化理論 / 20

2.2.2　國際生產折中理論　/　25

第三節　外資銀行進入發展中國家動因分析　/　27
　　　2.3.1　跟隨客戶　/　28
　　　2.3.2　東道國市場的利潤機會　/　29
　　　2.3.3　東道國金融管制的放鬆　/　30
　　　2.3.4　進入東道國的信息成本　/　31
　　　2.3.5　母國市場環境的變化　/　32
　　　2.3.6　銀行自身的機構特殊性　/　33

第三章　外資銀行進入對東道國銀行績效微觀影響分析　/　34
　第一節　銀行績效的內涵與衡量　/　34
　　　3.1.1　銀行績效的內涵　/　34
　　　3.1.2　銀行績效的衡量　/　35
　第二節　產權結構與銀行效率　/　45
　　　3.2.1　產權結構論　/　45
　　　3.2.2　產權結構與銀行效率　/　48
　第三節　外資銀行參股、東道國銀行產權結構與效率　/　54
　　　3.3.1　國有銀行的存在和效率　/　54
　　　3.3.2　外資參股與東道國銀行效率提高　/　57

第四章　外資銀行進入對東道國銀行績效宏觀影響分析　/　62
　第一節　市場結構與銀行效率　/　62
　　　4.1.1　市場結構論　/　62
　　　4.1.2　市場結構與銀行效率　/　63
　第二節　外資銀行進入、東道國銀行市場結構與效率　/　67
　　　4.2.1　提高金融服務水準　/　67
　　　4.2.2　外資銀行效率優勢　/　69

　　　　4.2.3　競爭作用渠道　/　69

第三節　特定市場環境影響因素分析　/　74

　　　　4.3.1　東道國經濟發展水準　/　75

　　　　4.3.2　東道國金融環境　/　77

　　　　4.3.3　東道國銀行監管　/　77

第五章　外資銀行進入對東道國銀行績效影響的實證研究　/　79

第一節　模型構建　/　79

　　　　5.1.1　研究設計　/　79

　　　　5.1.2　模型設定與變量選取　/　80

第二節　數據來源與處理　/　83

　　　　5.2.1　數據來源　/　83

　　　　5.2.2　描述性統計　/　83

第三節　外資銀行進入對東道國銀行績效影響的檢驗結果　/　86

　　　　5.3.1　外資銀行進入與東道國銀行績效　/　86

　　　　5.3.2　經濟發展水準、外資銀行進入與東道國銀行績效　/　90

　　　　5.3.3　金融自由化、外資銀行進入與東道國銀行績效　/　94

　　　　5.3.4　金融發展水準、外資銀行進入與東道國銀行績效　/　97

第四節　小結　/　103

第六章　外資銀行進入對中國銀行績效的影響與對策　/　105

第一節　外資銀行在中國的發展現狀　/　105

　　　　6.1.1　中國銀行業對外開放歷程　/　105

　　　　6.1.2　在華外資銀行規模　/　108

　　　　6.1.3　外資銀行在華業務策略　/　113

　　　　6.1.4　外資銀行在華發展趨勢　/　114

第二節　中外資銀行績效比較　/　115

　　　　6.2.1　主營業務分析　/　115
　　　　6.2.2　盈利能力比較　/　117
　　　　6.2.3　業務戰略分析　/　119
　　第三節　外資銀行進入影響分析　/　120
　　　　6.3.1　積極影響　/　120
　　　　6.3.2　消極影響　/　122
　　第四節　中國銀行業引入外資銀行的對策分析　/　123
　　　　6.4.1　利用外資參股優化股權結構　/　124
　　　　6.4.2　維持國有銀行的國家控股地位　/　125
　　　　6.4.3　擴大銀行業向民營資本開放力度　/　126
　　　　6.4.4　加強銀行業監管與國際接軌　/　126

第七章　總結與展望　/　128
　　第一節　主要結論　/　128
　　第二節　研究展望　/　129

參考文獻　/　130

後記　/　143

第一章 導論

第一節 研究背景與意義

1.1.1 問題提出

20世紀70年代以來,世界經濟一體化和金融全球化已成為不可逆轉的趨勢,各國都面臨著開放或進一步開放本國金融市場的壓力。銀行業作為金融服務貿易的主導行業,關係到一國金融體系和經濟的發展,一直是各國政府關注的焦點。各國歷來採取高度保護本國銀行業的政策,相對謹慎地面對銀行業的對外開放;直到20世紀80年代,許多國家才開始對外資銀行的准入採取相對寬鬆的政策。此後,隨著經濟全球化和金融服務貿易的跨國發展,在以美國為主的西方發達國家的倡導和推動下,許多國家在《服務貿易總協定》(General Agreement on Trade in Service,GATS)多邊協議中就本國銀行業的對外開放做出了實質性的承諾。進入90年代後,金融國際化和各國金融開放的步伐進一步加快,尤其是1997年12月世界貿易組織(World Trade Organization,WTO)《金融服務協議》(Agreement on Financial Services,即GATS第五議定書)的正式簽署,標誌著烏拉圭回合協議中規定的GATS已擴展到了金融服務貿易領域。金融自由化為銀行跨國經營創造了條件,外資銀行大量進入發展中國家,銀行跨國經營也隨之成了一股潮流,例如在阿根廷、智利、捷克、匈牙利、波蘭等國,外資銀行的資產總額一度曾占東道國銀行體系總資產的50%以上。儘管相對來說,外資銀行的份額在亞洲和非洲國家還不是很大,但是在大部分發展中國家外資銀行的資產份額基本呈現持續增長趨勢。受美國次貸危機影響外資銀行的資產份額雖有所下降,但隨著經濟復甦又有所回升。隨著銀行業對外開放程度不斷增大,大量新的外資銀行湧入發展中國家,外資銀行的市場份額大幅提高,他們已成為許多國家金融體系的重要組成部分。

關於外資銀行進入對東道國銀行績效的影響，理論界和實務界存在著激烈爭論。一些研究者認為對於新興市場國家來說外資銀行進入是消除其銀行業競爭障礙、加快金融業結構改革和不斷推動銀行業整體進步的過程中不可避免的重要步驟。外資銀行進入有利於該國銀行業的整體穩定，特別是在外資銀行自身非常穩健而且其母國金融監管良好的條件下，外資銀行進入提供了一種激勵，促進了該國銀行業的整體競爭，導致國內銀行利潤減少，改進了銀行績效。雖然外資銀行進入可能會加大成本，但支持者認為外資銀行進入國內銀行系統所帶來的收益將遠遠大於所帶來的損失。Claessens、Demirgüç-Kunt 和 Huizinga[1]的實證研究支持了這種觀點，他們發現外資銀行進入與東道國國內銀行的營利性、非利息收入和間接費用存在顯著的負相關關係，說明帶來了顯著的競爭效應和效率改進效應。而另外一些研究者則給出了相反的觀點和證據，如 Wang 和 Bayraktar[2]使用不同的樣本重新進行實證檢驗，發現外資銀行進入與間接費用數額之間存在正相關關係，而外資銀行進入和東道國國內銀行營利性、貸款損失準備金之間則並不存在任何明顯的關係。可見，對發展中國家來說，外資銀行進入對東道國銀行績效的影響畢竟還是一個實證問題，需要實證證據支持。

20 世紀 80 年代初期，考慮到國內金融發展的現狀與金融穩定的重要性，中國在銀行業的對外開放上採取的是一種謹慎的漸進開放策略。在這一背景下，外資銀行的實質進入相對緩慢。在此之後的二十多年間，無論是在地域範圍還是在業務範圍上，他們都被局限在一個相對狹小的空間上，服務對象也以在華的外資企業為主。2001 年 12 月，中國正式成為 WTO 成員方，按照中國的加入 WTO 的承諾，要在五年之內逐步開放國內金融市場，現有的大部分對外資銀行經營的地域和業務範圍的限制將逐步取消，到 2006 年 12 月 11 日全面對外開放，在承諾基礎上對外資銀行實行國民待遇，取消對外資銀行的一切非審慎性市場准入限制。加入 WTO 後，中國銀行業穩定的開放預期和適時的政策開放吸引了外資銀行的積極參與。2004 年，以匯豐銀行入股交通銀行為開始，中國銀行、中國建設銀行等都開始引進境外戰略投資者，其後的五年成為外資銀行進入中國金融市場的高峰期。但是伴隨 2007 年美國次貸危機的爆發，外資銀行母公司普遍出現較大的財務困境，同時受中國對外資銀行持股比

---

[1] Claessens S, Demirgüç-Kunt A, Huizinga H. How does foreign entry affect domestic banking markets? [J]. Journal of Banking & Finance, 2001, 25 (5): 891-911.

[2] Wang Y, Bayraktar N. Foreign bank entry, performance of domestic banks, and sequence of financial liberalization [J]. World Bank Policy Research Working Paper, 2004 (3416).

例上限約束，疊加國內銀行業增長進入下行階段和外資機構戰略佈局調整等原因，2009年後外資入股中資銀行的熱情有所減退而出現了減持的趨勢。隨著全球經濟逐漸復甦，2014年11月27日《國務院關於修改〈中華人民共和國外資銀行管理條例〉的決定》發布，主動實施進一步開放措施，適當放寬外資銀行准入和經營人民幣業務的條件，為外資銀行的設立和營運提供更加寬鬆、自主的制度環境①。根據原銀監會披露的數據，截至2017年年末，外資銀行在華營利性機構總數已達1013家，年均增速為13%；總資產從2002年末的0.3萬億元增長到3.24萬億元，年均增長率約為15%；外資銀行註冊資本比2002年末增長了6倍多；在華外資銀行累計實現淨利潤相當於2002年的10倍②。

金融業開放必須與實體經濟發展相匹配，目前中國已經進入高質量發展階段，此時進一步擴大金融開放是經濟高質量發展的客觀需要。在這一背景下，黨的十九大報告中明確提出「要推進形成全面開放新格局」，可以預見中國未來在外資機構持股、設立機構和業務範圍等方面將進一步加大開放力度。2018年2月銀監會發布了《中國銀監會關於修改〈中國銀監會外資銀行行政許可事項實施辦法〉的決定》，展現了中國擴大開放、簡政放權和加強審慎監管的理念③；2018年4月，銀保監會又發布了《關於進一步放寬外資銀行市場准入相關事項的通知》，加快落實了放開外資銀行開展人民幣業務、衍生品交易業務等對外開放舉措。

1.1.2　選題意義

1.1.2.1　理論意義

近年來國內外學者對外資銀行進入對東道國銀行績效影響的研究取得了很多有參考價值的成果，從各個不同的研究視角運用理論或實證的方法對效率影響問題進行了深入、細緻的研究。而且隨著外資銀行投資業務在全球的繼續發展和深化，該研究還將繼續深入。

由於銀行是特殊的企業，西方學者的研究主要是在產權理論、委託—代理

---

① 國務院關於修改《中華人民共和國外資銀行管理條例》的決定（國令第657號），2014年12月20日，http://www.gov.cn/zhengce/content/2014-12/20/content_9309.htm。
② 佚名. 四十年後銀行業開放再升級［N］. 國際金融報，2018-09-03.
③ 中國銀監會辦公廳關於《中國銀監會外資銀行行政許可事項實施辦法》修訂施行有關事項的通知（銀監辦發［2018］45號），http://www.cbrc.gov.cn/govView_F59D99DB233948FF9781B4F2ED28B1F9.html。

理論、公共選擇理論、軟預算約束理論、博弈論以及經濟發展水準影響銀行績效等方面的理論基礎上進行的。這些研究從不同角度考察了外資銀行進入對東道國銀行績效的影響，但是尚未達成一致的認識。那麼，外資銀行進入對東道國銀行績效存在何種影響？這些影響又是通過何種傳導路徑實現的呢？至今，國內外學者對其探討主要集中在以下幾個方面：

一是關於外資銀行是否做得比國內銀行要好，存在不同觀點。如 Dages、Goldberg 和 Kinney[1] 發現，1994—1999 年在阿根廷和墨西哥的外資銀行與國內銀行相比貸款增長變化更小，由此認為外資銀行比國內銀行更健康。而 Claessens、Demirgüç-Kunt 和 Huizinga[2] 認為發展中國家外資銀行的利潤比國內銀行要高，發達國家的情況則相反，所以外資銀行的業績主要取決於他們所在的國家與母國的比較。

二是關於外資銀行是否通過提供新的服務從而提高銀行業競爭和效率，是否在其他國家的銀行業中起到了重要作用。對外資銀行進入是否影響了國內銀行的業績，同樣存在不同的答案。一些研究者認為外資銀行進入使國內銀行不得不放棄他們對曾經的高利潤所擁有的想當然的權利，迫使他們努力提高效率，而效率的提高反過來降低了他們的成本，因此外資銀行進入能夠降低國內銀行的支出，使他們能學到現代的銀行經營管理經驗。關於外資銀行滲透對中小企業貸款影響的現有證據尚不明確，雖然對發展中國家的案例研究表明，外資銀行向這些公司提供的貸款比國內銀行要少。但同時跨國研究發現，外資銀行的進入助長了競爭，降低了利率，提高銀行部門的整體效率，所有借款人都能從中獲益（Clarke, et al., 2003）。

三是當面臨宏觀經濟波動時，外資銀行對東道國的銀行系統穩定有利還是有害，相關研究的結論尚未統一。Montgomery[3] 通過對亞洲銀行在金融危機期間的表現進行研究，發現雖然在某些情況下外資銀行的貸款可能比國內銀行更穩定，但當亞洲金融危機發生時，使用股權收益率、問題貸款占總貸款的比率等指標進行比較，許多亞洲國家外資銀行的績效比國內同行更差。國內學者張蓉[4]在比較拉美地區外資銀行和東道國國內銀行間效率的差異後，發現外資銀

---

[1] Dages B G, Goldberg L S, Kinney D. Foreign and domestic bank participation in emerging markets: lessons from mexico and argentina [J]. Social Science Electronic Publishing, 2000, 6 (9): 17-36.

[2] Claessens S, Demirgüç-Kunt A, Huizinga H. How does foreign entry affect domestic banking markets? [J]. Journal of Banking & Finance, 2001, 25 (5): 891-911.

[3] Montgomery H. The role of foreign banks in post-crisis asia: the importance of method of entry [R]. Tokyo: ADB Institute, 2003.

[4] 張蓉. 外資銀行與拉美銀行體系的效率 [J]. 拉丁美洲研究, 2006, 28 (4): 52-59.

行在這些地區對東道國銀行體系的效率與穩定性提高具有一定的正面效應，但與亞洲新興市場國家相比，其所帶來的正面效應較小；要更好地發揮這種正面效應，東道國需要克服多種制約因素。Hass 和 Lelyved[1] 則在考察了 1993—2000 年中東歐的國內銀行和外資銀行對商業週期和金融危機的反應差異後，發現外資銀行的信貸供給可能沒有國內銀行穩定，因為外資銀行對東道國的宏觀經濟環境變化的反應更為順週期。

國內外已有研究多是關注對東道國外資銀行與內資銀行的效率差別或外資持股對東道國銀行微觀效率的影響，而對宏觀層面的東道國銀行體系效率的關注較少。少數研究雖然關注了外資銀行進入通過對東道國市場結構的宏觀影響，進而改變銀行體系效率，但是又忽略了外資持股的微觀效應。但是外資銀行進入的微觀效應與宏觀效應是同時存在、互相作用的，片面誇大任何一方的效果，而輕視另一方的影響都是不全面的。將股權結構與市場結構的角度相結合同時分析外資銀行進入對東道國銀行股權結構與市場結構影響的相關研究還非常稀少，上述不足為本書提供了重要的創新機會。針對外資銀行進入對東道國銀行效率影響的已有實證研究變量的選擇範圍較為狹隘，主要是外資銀行進入的數量和資產額、東道國國家層面及銀行層面的變量以及銀行業的效率指標，沒有考慮外資來源國家差異的影響。根據東道國和母國具體國家的情況，從宏觀國家層面增添新的變量進一步進行相關分析，期望發現一些被忽略影響因素。

另外，目前多數研究集中在對國家個案或局部地區國家的經驗分析，而對世界範圍內多國樣本進行大樣本整體研究的文獻相對缺乏，特別是在發展中國家在世界經濟中日益發揮重要影響的情況下將其作為研究樣本的更少。本研究期望通過對外資銀行進入與發展中國家銀行績效最新進展的研究，彌補相關理論研究的空白。

1.1.2.2 現實意義

目前中國經濟已經進入高質量發展階段，金融業開放必須與實體經濟發展相匹配，進一步擴大金融開放是經濟高質量發展的客觀需要。外資銀行的進入一方面給中國帶來了先進技術、管理理念和金融創新方法，對中國金融市場產生一定的示範、溢出效應，促進中國商業銀行體系改革，強化中國銀行業的競爭機制，提高經營管理水準和優化中國的資源配置，加速資本累積。另一方

---

[1] Haas R D, Lelyveld I V. Foreign banks and credit stability in central and eastern Europe: a panel data analysis [J]. Journal of Banking & Finance, 2006, 30 (7): 1927-1952.

面，我們應該清楚地看到，與中資銀行相比，外資銀行的實力更為雄厚，在經營管理、資產質量、人力資源和產品創新能力等方面佔有絕對優勢。而隨著中國金融市場的發展和對外開放程度的不斷擴大，中國銀行業必將面臨外資銀行更大的衝擊。國內銀行如何通過引入外國投資者來提高效率、增強自身經營實力，已經成為擺在我們面前的一個十分迫切和重要的問題。外資銀行進入對中國銀行業有何影響，帶來的是發展機遇，還是負面衝擊？中國銀行業又該如何應對這次嚴峻的挑戰？因此，研究外資銀行進入帶來的各方面影響，可以幫助中國銀行業積極應對挑戰，確保中國金融穩定，為中國國內銀行發展戰略和國家金融政策的制定提供決策依據，具有重要的現實意義。

正是基於外資銀行積極進入發展中國家在內的全球市場，並從中國正處於銀行業對外全面開放、外資銀行大量湧入的現實出發，本書提出了外資銀行進入對東道國銀行績效影響研究這一命題。其他發展中國家與中國在經濟發展水準等方面有許多相似的特點，他們先於中國進行金融開放，累積了一些寶貴的經驗，通過對他們在銀行業開放過程中相關經驗教訓的吸取和借鑑，可以為中國在尚不完善和比較脆弱的金融體制條件下，銀行和政府應對金融開放環境的相關政策制定提供理論和實踐依據。本研究試圖闡述外資銀行進入對東道國銀行績效的影響及傳導路徑，以更好理解外資銀行進入對中國銀行績效的影響，從而為中國制定適宜的外資銀行政策提供有益的借鑑，在中國金融開放的背景下，具有重要的現實價值。

綜上所述，本書的研究將在理論上從微觀層面的外資銀行進入對東道國銀行產權結構的影響和宏觀層面的外資銀行進入對東道國銀行市場結構的影響相結合的角度，建立外資銀行進入對東道國銀行績效影響的系統分析框架。在這一理論框架基礎上採用發展中國家銀行的多國面板數據進行實證檢驗，分析外資銀行進入對東道國國內銀行績效的影響，並考慮東道國層面的各種制約因素。在實踐上，本研究可以為中國銀行的相關改革和發展提供指導，對中國在金融開放進程中國內銀行業如何應對外資競爭者與中國監管部門如何正確制定對外資銀行監管的相關法律法規提供政策建議，這些在目前都是十分迫切和急需的。

第二節　國內外相關研究進展

關於外資銀行進入對東道國銀行效率影響的國外研究文獻較為豐富，但多數文獻是以第二次銀行國際化為研究背景，以外資銀行進入發達國家為研究對

象。20世紀90年代後，外資銀行積極進入新興市場國家，並形成了第三次銀行國際化浪潮。這一新現象在90年代中後期引起了國外學者的重視，相關研究成果也開始大量出現。國內學者對於外資銀行的研究始於2002年中國加入WTO之後，研究重點多數集中在外資銀行參與中國銀行業的情形，而涉及外資銀行參與新興市場的區域研究偏少，全面分析外資銀行對東道國影響渠道的研究更加不足。

1.2.1 內外資銀行績效比較研究

外資銀行進入對東道國銀行效率影響的研究始於20世紀80年代，目前的研究主要從兩種渠道對內外資銀行進行對比：一是外資進入者與本地競爭者的比較，二是境外擴張銀行群體之間的比較。對發達國家的實證研究大多發現東道國當地銀行效率更高，如Berger、Clarke和Cull等[1]通過對不同國家外資銀行與東道國國內銀行的公司治理與經營績效數據分析發現，在成熟市場國家中外資銀行的成本控制和獲利能力普遍不如東道國國內銀行。DeYoung和Nolle[2]針對美國國內銀行和外資銀行的研究也發現，外資銀行不如國內銀行盈利效率高。以發展中國家為研究對象時則多發現外資銀行與其本地競爭者相比效率更高。如Barajas、Steiner和Salazar[3]對比1985—1998年哥倫比亞金融體系中的外資銀行和國內銀行樣本後發現，外資銀行的不良貸款率和準備金要求更低，經營效率更高。類似的，Sathye[4]對印度的國內銀行和外資銀行生產效率進行比較研究，發現外資銀行在效率方面得分高於國內銀行。Sabi[5]對轉型國家匈牙利國內外銀行的資產負債表和損益表進行比較，發現外資銀行與國內銀行相比，其利潤更高，流動性風險和信用風險更低，但提供私人貸款和長期貸款的意願較低。

---

[1] Berger A N, Clarke G R G, Cull R, et al. Corporate governance and bank performance: a joint analysis of the static, selection, and dynamic effects of domestic, foreign, and state ownership [J]. Journal of Banking & Finance, 2005, 29 (8-9): 2179-2221.

[2] DeYoung R, Nolle D E. Foreign-owned banks in the United States: earning market share or buying it? [J]. Journal of Money, Credit and Banking, 1996, 28 (4): 622-636.

[3] Barajas A, Steiner R, Salazar N. The impact of liberalization and foreign investment in Colombia's financial sector [J]. Journal of Development Economics, 2000, 63 (1): 157-196.

[4] Sathye M. Efficiency of banks in a developing economy: the case of India [J]. European Journal of Operational Research, 2003, 148 (3): 662-671.

[5] Sabi M. Comparative analysis of foreign and domestic bank operations in Hungary [J]. Journal of Comparative Economics, 1996, 22 (2): 179-188.

1.2.2 外資銀行進入對東道國銀行績效影響研究

在分析外資銀行進入對東道國銀行效率所帶來的影響上，現有的研究文獻主要集中於對銀行體系的影響，而對外資銀行參與所帶來的其他宏觀影響涉及不多。這可能是因為外資銀行參與對新興市場的影響更多體現在微觀層面上的間接效應。大多數研究文獻均肯定了外資銀行參與會給東道國銀行體系效率帶來積極有利的影響。外資銀行進入對國內銀行效率的影響大體可分為三類觀點：第一類觀點認為外資銀行的進入產生了積極效應，促進了東道國銀行業效率的提升。代表性研究如早期 Gray 和 Gray[1]，及隨後的 Levine[2]、Claessens、Demirgüç-Kunt 和 Huizinga[3]，Crystal、Dages 和 Goldberg[4] 等。第二類觀點認為外資銀行進入存在負面的溢出效應，主要以 Stiglitz[5] 為代表。他認為，外資銀行傾向於選擇東道國國內利潤豐厚的市場和高質量的客戶，為了競爭就必然迫使東道國國內銀行不得不選擇風險更大和利潤較低的市場和客戶，這不僅不會提高國內銀行的效率水準，還會影響東道國銀行體系的穩定性。第三類觀點認為外資銀行進入對效率的影響是不確定的，其效應的產生取決於多因素的制約作用，如東道國自身條件（經濟發展水準、金融開放程度、監管水準等）、外資銀行的進入數量、東道國國內銀行的傳導機制等初始條件。下文將從這三類觀點出發，在其基礎上從外資銀行進入模式、外資銀行進入程度、市場結構、經濟發展水準等視角進一步細化，來梳理外資銀行進入對內資銀行效率的影響。

衡量外資銀行的進入程度通常用東道國外資銀行的數量或資產為指標，通過這兩個指標來分析他們與東道國銀行業效率的關係。現有經驗研究總體上認為外資銀行進入有利於效率提高，但是一些針對影響效率的具體條件進行實證分析的研究認為，在不同的條件下，外資銀行進入可能導致不同的效率影響結果。這些外部條件主要包括經濟發展水準、金融開放程度以及市場競爭基礎等。Demirgüç

---

[1] Gray J M, Gray H P. The multinational bank: a financial MNC? [J]. Journal of Banking & Finance, 1981, 5 (1): 33-63.

[2] Levine R. Foreign banks, financial development, and economic growth [J]. International Financial Markets: Harmonization Versus Competition, 1996 (7): 224-54.

[3] Claessens S, Demirgüç-Kunt A, Huizinga H. How does foreign entry affect domestic banking markets? [J]. Journal of Banking & Finance, 2001, 25 (5): 891-911.

[4] Crystal J S, Dages B G, Goldberg L S. Does foreign ownership contribute to sounder banks? The Latin American Experience [M]. Washington D. C.: Brookings Institution Press, 2001.

[5] Stiglitz J E. The role of the state in financial markets [J]. The World Bank Economic Review, 1993, 7 (suppl_ 1): 19-52.

-Kunt、Lveine 和 Min[①] 通過對 1988—1995 年 80 個樣本國家銀行數據的研究發現，外資銀行的資產規模與東道國銀行體系效率改進的關係不明顯，而外資銀行的數量與東道國銀行的成本及稅前利潤表現出了較強的負相關關係，這說明外資銀行進入確實可以提高東道國國內銀行體系的競爭水準，進而提升經營效率。Barth、Caprio 和 Levine[②] 對 60 多個國家商業銀行監管和所有權的跨國數據進行分析，發現更高的外資銀行進入限制與更低的銀行效率相聯繫，較自由的市場准入會導致較高的銀行效率。但是 Yeyati 和 Micco[③] 通過對拉美國家數據進行實證分析發現隨著外資銀行份額的增加，銀行業的競爭程度呈下降趨勢。國內銀行的股權收益有所提高，但這種增加並不是由外資銀行帶來的，而是因為本國銀行所承擔的風險降低實現的。Barajas、Steiner 和 Salazar[④] 通過對哥倫比亞國內與外資銀行數據比較分析，研究外資銀行的自由進入對金融部門的影響，發現金融自由化減少了仲介擴散，降低了貸款質量，增加了管理成本。

國內學者葉欣和馮宗憲[⑤]運用多元 Logit 模型對 50 個國家 1988—1997 年外資銀行的實際進入程度、宏觀經濟和金融數據進行分析，發現外資銀行進入數量的增加將提高東道國銀行體系的可競爭程度，有助於增強本國銀行體系的穩定性，但這種正面效應在新興市場國家和發展中國家尚未得到充分發揮。高曉紅[⑥]對中國銀行業 1989—1998 年數據進行分析，發現中國存款的持續增長是國有銀行低效率的背景，外資銀行進入帶來的外部競爭有助於打破國有商業銀行的低效率，推動產權改革進程，改善中資銀行的效率，有利於中國銀行業未來的發展。黃憲和熊福平[⑦]對中國 1996—2003 年 14 家銀行的數據進行分析，發現外資銀行的市場份額提高與中國銀行效率改進呈正相關關係，而與外資銀行

---

① Demirgüç-Kunt A, Levine R, Min H G. Opening to foreign banks: issues of stability, efficiency, and growth [J]. The Implications of Globalization of World Financial Markets, 1998 (1): 83–115.

② Barth J R, Caprio G, Levine R. Banking systems around the globe: do regulation and ownership affect performance and stability? [J]. Social Science Electronic Publishing, 2001 (2325): 1–63.

③ Yeyati E L, Micco A. Banking competition in latin america [C]. [s. n.]: Latin American Competition Forum, 2003.

④ Barajas A, Steiner R, Salazar N. The impact of liberalization and foreign investment in Colombia's financial sector [J]. Journal of Development Economics, 2000, 63 (1): 157–196.

⑤ 葉欣, 馮宗憲. 外資銀行進入對本國銀行體系穩定性的影響 [J]. 世界經濟, 2004 (1): 29–36.

⑥ 高曉紅. 外資銀行進入與中國國有商業銀行改革困境的解除 [J]. 金融研究, 2000 (6): 40–49.

⑦ 黃憲, 熊福平. 外資銀行進入對中國銀行業影響的實證研究 [J]. 國際金融研究, 2006 (5): 21–27.

數量的關係不顯著。而外資銀行進入程度與中國銀行非利息收入率、營運費用率和稅前利潤率均呈正相關。

1.2.3 發展中國家外資銀行進入研究

對發展中國家外資銀行進入與東道國銀行效率的研究，主要始於20世紀90年代以後。一些學者認為外資銀行進入會對新興市場國家帶來積極影響，如Zajc[①]運用中東歐國家銀行數據，對外資銀行進入與國內銀行效率之間的關係進行了分析，研究發現外資銀行的進入一般會伴隨著國內銀行非利息收入的降低和間接費用的增加。Mihaljek[②]研究了主要新興市場國家外資銀行進入的影響，也得出了在金融開放的過程中，隨著外資銀行進入，金融新興經濟體銀行的存貸款利差普遍呈現下降趨勢。新興經濟體的銀行體系已被私有化、整合和外資銀行進入所改變，為了應對更加激烈的競爭環境，國內銀行的效率和績效都有所提高。Wang和Bayraktar[③]採用發達國家和新興市場國家的樣本數據對比來研究外資銀行的份額變化、本國宏觀經濟變量以及本國銀行體系變量對本國銀行競爭力的影響。研究發現外資銀行能夠起到促進國內銀行效率提升的作用，但這種正向作用在新興市場國家中並不明顯。同時，也有一些學者持相反意見，認為新興市場國家的外資銀行沒有起到促進東道國銀行業競爭程度提高的作用，如Yeyati和Micco[④]分析了拉丁美洲國家銀行的資產負債表數據，研究外資銀行進入和銀行集中度情況，發現外資銀行的進入將降低而不是促進國內銀行業的競爭程度，從而降低了新興市場國家銀行部門的效率。原因在於外資銀行憑藉特定的產品優勢而獲得了壟斷地位和壟斷利潤，可見外資銀行的進入對新興市場國家銀行業的穩定性帶來雙重影響。Hermes和Lensink[⑤]採用1990—1996年26個最不發達國家的銀行數據為樣本分析了外資銀行進入新興市場國家對國內銀行的收入、盈利能力和成本的影響，發現外資銀行進入（在數量和規模方面）對國內銀行的收入和成本都有負面影響，但外資銀行進入對利差、成本的影響是非線性的，呈倒U形，

---

① Zajc P. A comparative study of bank efficiency in central and eastern Europe: the role of foreign ownership [J]. International Finance Review, 2006, 6 (5): 117-156.

② Mihaljek D. Privatisation, consolidation and the increased role in foreign banks [J]. BIS Papers, 2006 (28), 41-65.

③ Wang Y, Bayraktar N. Foreign bank entry, performance of domestic banks, and sequence of financial liberalization [M]. Washington D. C.: The World Bank, 2004.

④ Yeyati E L, Micco A. Banking competition in Latin America [C]. Paris: Latin American Competition Forum, 2003.

⑤ Hermes C L M, Lensink B W. The impact of foreign bank entry on domestic banks in less developed countries: an econometric analysis [J]. Foreign Banks & Economic Transition, 2002: 322-324.

這表明競爭程度和效率的提高僅僅在外資銀行進入程度達到某個最低水準時才有可能發生。Barajas、Steiner 和 Salazar[①] 採用 1990 年哥倫比亞實施金融自由化措施後的銀行數據，比較了外資銀行與國內銀行的績效，對外資銀行進入參與競爭所產生的影響進行研究，發現外資銀行進入通過增加競爭、降低仲介成本和提高貸款質量，對哥倫比亞國內銀行的經營行為產生了有益的影響。此外，以新興國家為研究對象，從內外資銀行效率比較角度的研究（如 Denizer、Dinc 和 Tarimcilar[②]、Majnoni、Shankar 和 Varhegyi[③]、Detragiache、Tressel 和 Gupta[④]）均發現，在新興市場國家的外資銀行通常比當地銀行具有相對較高的淨邊際利率和利潤率、更多的納稅額和相對較低的經營管理成本，外資銀行進入有助於降低金融機構利差收入和提高貸款質量。Crystal、Dages 和 Goldberg[⑤] 採用拉丁美洲國家的銀行樣本數據研究發現外資銀行進入能夠改善被收購機構的經營狀況和業績，外資銀行的貸款增速和貸款撥備覆蓋率往往更高，可見外資銀行參股可能對新興市場銀行體系的穩定和發展產生積極的正向影響。

以前已有一些國內學者採用發展中國家作為研究樣本對外資銀行進入對國內銀行的影響進行探討的研究成果（劉錫良和凌秀麗[⑥]；張禮卿[⑦]；譚鵬萬[⑧]；項衛星和王達[⑨]；黃靜[⑩]等）。劉華和盧孔標（2006）[⑪] 在對新興市場經濟國家

[①] Barajas A, Steiner R, Salazar N. The impact of liberalization and foreign investment in Colombia's financial sector [J]. Journal of Development Economics, 2000, 63 (1): 157-196.

[②] Denizer C, Dinc M, Tarimcilar M. Measuring banking efficiency in the pre-and post-liberalization environment: evidence from the Turkish banking system [R]. Washingtion D. C.: World Bank Group, 2000.

[③] Majnoni G, Shankar R, Varhegyi E. The dynamics of foreign bank ownership: evidence from Hungary [R]. Washington D. C.: The World Bank Group, 2003.

[④] Detragiache E, Tressel T, Gupta P. Foreign banks in poor countries: theory and evidence [J]. The Journal of Finance, 2008, 63 (5): 2123-2160.

[⑤] Crystal J S, Dages B G, Goldberg L S. Does foreign ownership contribute to sounder banks? The Latin American Experience [M]. Washington D. C.: Brookings Institution Press, 2001.

[⑥] 劉錫良, 凌秀麗. 中東歐國有銀行產權改革研究 [M]. 北京: 中國金融出版社, 2006.

[⑦] 張禮卿. 新興市場經濟體的銀行業開放及其影響 [J]. 國際金融研究, 2007 (3): 27-33.

[⑧] 譚鵬萬. 外資銀行進入對中東歐國家內資銀行績效的短期影響研究——基於10國105家銀行的面板數據檢驗 [J]. 國際金融研究, 2007 (3): 45-53.

[⑨] 項衛星, 王達. 拉丁美洲、中東歐及東亞新興市場國家金融部門外國直接投資研究 [J]. 國際金融研究, 2008 (4): 22-28.

[⑩] 黃靜. 外資銀行進入與轉軌國家東道國銀行業效率——基於中東歐國家及 DEA 方法的研究 [J]. 世界經濟研究, 2010 (1): 33-37.

[⑪] 劉華, 盧孔標. 外資銀行對新興市場經濟國家銀行體系效率與穩定性的影響 [J]. 南方金融, 2006 (11): 54-56.

引進外資銀行研究回顧中發現，在許多新興市場國家銀行部門，外資銀行進入產生競爭作用，起到了促進國內銀行部門的信息披露和提高監管水準、促使東道國資源配置效率改善等作用。而張荔和張蓉[①]針對17個新興市場國家進行實證研究，發現外資銀行的進入對東道國銀行體系效率有改進作用，但這種作用也依賴於東道國金融發展的初始條件、外資銀行經營水準、有效的競爭環境、外資銀行在東道國的數量及結構等因素。郭妍和張立光[②]採用中國1993—2002年具有代表性的銀行面板數據，對外資銀行進入對中國銀行經營水準、盈利狀況和抗風險能力等的影響進行了研究，發現隨著外資銀行不斷進入中國，雖然國內金融市場利差有所上升，但國內銀行的利潤率、非貸款收益率和營業費用率均有所下降。此外，研究發現中國內資銀行的盈利狀況等指標還受到自身的資本充足率和營業費用率等因素的影響。李斌和涂紅[③]在區分不同類型國家的前提下，以發展中國家銀行的截面數據為樣本進行研究，發現外資銀行進入顯著降低了發展中國家國內銀行業的盈利水準和非利息收入，而對成本的影響不明顯，不良貸款則有所增加。李曉峰、王維和嚴佳佳[④]對1994—2004年中國主要商業銀行面板數據進行實證研究後也發現外資銀行進入影響了中國銀行業效率，外資銀行進入使國內銀行的流動性、非利息收入、營業費用、資產收益率和資產質量等指標出現下降，國內銀行經營風險上升。

1.2.4 簡要評價

在金融開放的國際趨勢下，外資銀行參與發展中國家或新興市場的現象引起了國內外學者的極大關注，相關研究文獻逐漸增多。隨著外資銀行投資業務在全球的繼續發展，該研究領域還將會吸引更多的關注。通過對有關外資銀行進入與東道國銀行效率的研究文獻整理與歸納，可以發現近年來國內外學者取得了很多有參考價值和意義的成果，從各個研究視角運用理論的或實證的方法對相關問題進行了深入、細緻的研究，但尚未達成統一的認識和形成有效的研究體系。為了能夠更好地促進將來的研究工作，對目前研究尚存在不足的認識

---

① 張荔，張蓉.外資銀行進入與東道國銀行體系的效率改進——新興市場國家的截面數據分析 [J]. 南開經濟研究, 2006 (1): 127-136.
② 郭妍, 張立光. 外資銀行進入對中國銀行業影響效應的實證研究 [J]. 經濟科學, 2005 (2): 58-66.
③ 李斌, 涂紅. 外資銀行進入對發展中國家銀行體系效率影響的經驗檢驗 [J]. 上海金融, 2006 (7): 51-53.
④ 李曉峰, 王維, 嚴佳佳. 外資銀行進入對中國銀行效率影響的實證分析 [J]. 財經科學, 2006 (8): 16-23.

和把握就顯得很有必要：

首先，從研究視角來看，目前的研究多是關注對東道國外資銀行與內資銀行的效率差別或外資持股對東道國銀行微觀效率的影響，而對宏觀層面的效率的關注較少，尤其是針對該方面的實證分析匱乏。微觀效率的實現只是局部的效應，而宏觀效率的實現才體現了國家總體福利的改善和提升。近年來，國內外學者開始對外資銀行進入對東道國銀行市場結構的影響，以及對銀行體系效率的改變進行關注。但是外資銀行進入的微觀效應與宏觀效應是同時存在、互相作用的，片面誇大任何一方的效果而輕視另一方的影響都是不全面的，因而需要建立外資銀行進入對東道國銀行效率微觀與宏觀效應相結合的理論框架，進行相關研究。

其次，從研究方法來看，實證多於理論，在外資銀行進入對本國銀行體系效率影響的理論方面沒有進行深入的探討。這凸顯了該問題研究理論基礎的匱乏，而這顯然不利於實證研究的深入。就實證研究來看，變量的選取沒有考慮不同國家的情況，選擇面較為狹窄，主要是外資銀行進入的數量和資產額、東道國國家層面及銀行層面的變量以及銀行業的效率指標。因此，今後的研究應當根據具體國家的情況，增添新的變量，甚至構建新的計量模型來分析。

最後，從研究樣本的選擇範圍上，至今，相關研究主要以國別案例的方式出現，此外大多數研究著眼於發達國家市場上外資銀行的效率，針對發展中國家，特別是在近年來新情況下外資銀行進入對發展中國家銀行績效影響的研究更加匱乏。本書以發展中國家數據為研究樣本，對外資銀行進入對東道國銀行績效影響進行理論與實證研究，期望彌補相關研究的空白。

第三節　研究方法與技術路線

1.3.1　研究方法

對發展中國家外資銀行進入與國內銀行績效的研究不能脫離其特定的經濟環境和制度背景，因此，我們的研究一方面借鑑國外最新研究成果和前沿理論，另一方面又著重結合發展中國家的自身特點，綜合運用國際經濟學、區域經濟學、制度經濟學及博弈論等理論，將外資銀行進入對東道國銀行股權結構和市場結構的影響兩個角度相結合，對東道國銀行績效受到的影響進行深入分析，構建一個微觀和宏觀層面相結合的經濟學分析框架。研究中主要運用的工具及方法主要包括：

第一，理論分析與實證研究相結合。理論分析與實證研究是經濟分析的基本方法，本研究在分析過程中，將規範的理論分析、抽象的模型分析和實證研究有機融合在一起，貫徹了將理論分析與實證檢驗緊密結合的思想，以求對問題的分析更加清晰透澈，把握更加深入準確。用規範的現代經濟學分析方法將理論與實踐相結合，把企業股權結構和市場結構理論應用於銀行領域，並用計量經濟學方法對發展中國家數據進行檢驗，基於分析結果給出有嚴格理論依據和實證數據支持的政策主張。

第二，制度分析與歷史分析結合。對所研究的問題進行廣泛的文獻回顧與背景分析，並在此基礎上構建研究的理論基礎，對外資銀行進入對東道國銀行績效的影響進行定性評估，並對微觀與宏觀層面的影響因素進行分析，建立與理論框架契合的全面的指標體系。

第三，運用比較分析的方法。比較分析同類事物有助於瞭解事物的個性，常用的方法包括縱向對比和橫向對比。通過比較分析解釋問題產生的根源是經濟學中常用的方法。研究中一方面大量採用橫向對比法，對東道國內資銀行與外資銀行、外資持股比例不同銀行，以及不同東道國銀行的績效差別進行比較分析；同時也兼顧縱向對比，注重對東道國外資銀行進入程度變化與效率相關性進行對比分析和背景分析。

第四，運用定量分析的方法。在對基礎理論分析的基礎上得出相關定性分析結論，並盡量用定量分析方法加以驗證，以增強問題分析的科學性和研究結論的可靠性。在定量的經驗分析中，運用統計檢驗方法來判別樣本的某一特徵是否顯著或兩種樣本是否有顯著差異，利用 Logistic 迴歸模型和多元迴歸模型有助於分離不同因素的相互作用，找出有顯著影響的因素並確定其影響幅度；運用銀行財務指標、數據包絡分析等定量方法能夠更加全面地衡量銀行各方面效率。通過對發展中國家多國銀行面板數據的針對性分析，運用統計分析和計量分析方法驗證相關研究假設，從相關定量分析的結果中得出研究結論。

1.3.2 技術路線

本書的研究思路是：境外戰略投資者的引入是否會提高東道國銀行績效，外資進入程度與銀行效率之間的關係如何，這種作用又受到哪些因素的影響？外資銀行進入對東道國銀行體系競爭性存在何種影響，對內資銀行和東道國銀行業的效率有何作用，這種作用又受到哪些因素影響？針對這一思路，研究內容從現代經濟學理論出發，在制度背景分析與文獻述評的基礎上進行理論基礎分析，從理論分析結果中得出實證含義，再針對發展中國家的實際情況提出研

究假設，並針對相關假設進行實證檢驗，最後得出研究結論。具體而言，首先，從微觀角度，從研究外資持股改變東道國銀行產權結構入手，分析認為外資持股可以改善東道國銀行產權結構，優化銀行治理，提高被參股銀行績效。其次，主要從宏觀角度，研究外資銀行進入改變東道國銀行市場結構，通過增強競爭性，達到促進國內銀行提高效率進而提高銀行體系效率的作用。再次，對發展中國家銀行業相關數據進行經驗分析，檢驗相關研究假設。最後，在理論分析和實證研究的基礎上，從合理引入外資戰略投資者、擴大銀行業對民營資本開放等方面論述了中國如何積極採取應對外資銀行進入的具體措施，以期在金融開放環境下，對提升中國銀行績效的政策制定有所啟示。

本書研究的技術路線圖見圖1.1。

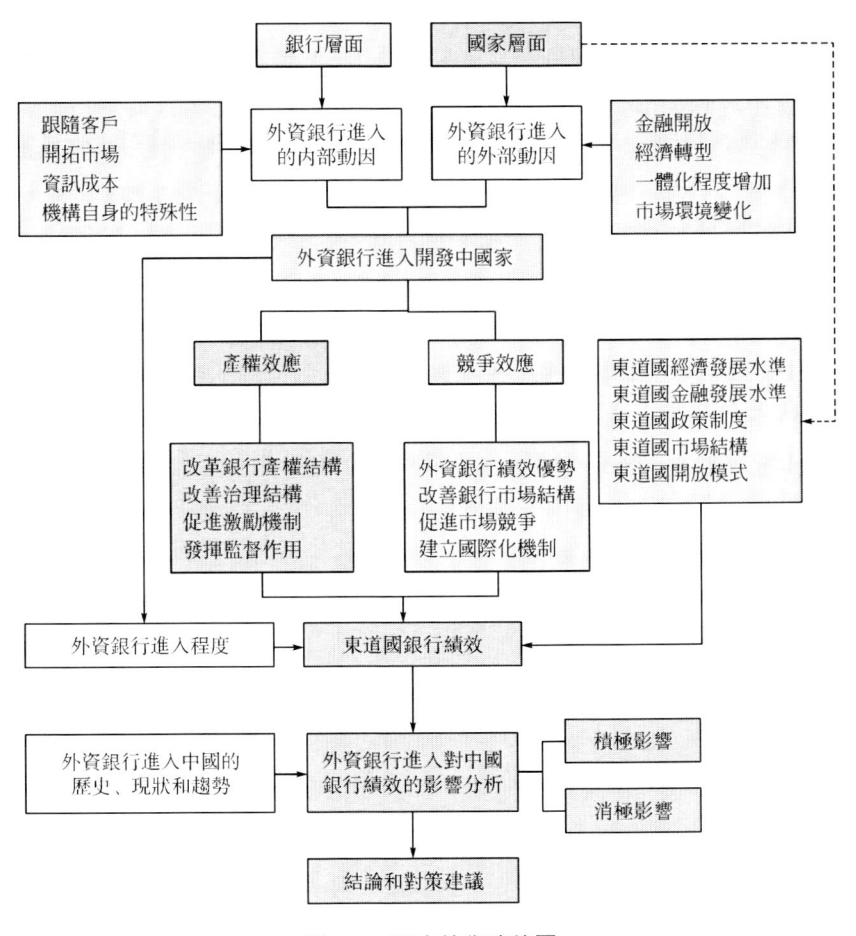

圖1.1　研究技術路線圖

第四節　研究內容與結構安排

本書以發展中國家為研究對象，試圖通過外資銀行進入對東道國產權結構與市場結構的影響，將微觀與宏觀視角相結合，研究東道國銀行績效的變化。採用發展中國家外資銀行與國內銀行的多國面板數據，以銀行的財務指標和數據包絡分析所估計的銀行績效作為被解釋變量，以外資銀行數量占比，外資銀行資產占比，外資銀行母國與東道國在經濟發展水準、金融自由化程度和金融發展水準之間的差異作為解釋變量，並在考慮東道國市場結構和相關政策規制基礎上，進行經驗分析，對外資銀行進入與東道國銀行績效變化之間的關係進行研究。研究具體包括：外資銀行進入對東道國銀行績效存在何種影響？這種影響具有何種傳導路徑，又受到哪些因素的影響？本書的研究全面地把握外資銀行進入與東道國銀行績效之間的關係，通過總結相關結論，在銀行業全面開放背景下，為中國政府合理制定相關政策提供參考，達到提高國內銀行績效、增強中資銀行競爭力的目的。圍繞該研究目標，全書將研究內容分為七章，具體結構安排如下：

第一章：導論。介紹本書的選題背景與研究的理論及現實意義，國內外相關研究進展情況，界定關鍵概念，安排研究的思路、方法，並歸納全書的可能創新之處及有待進一步研究的問題。

第二章：外資銀行進入動因分析。從外資銀行的概念入手，介紹外資銀行跨國經營的內部化理論和國際生產折中理論，分別從銀行層面和國家層面的影響因素出發分析外資銀行進入的動因，為接下來第三章和第四章從微觀和宏觀層面分析外資銀行進入的影響提供理論鋪墊。

第三章：外資銀行進入對東道國銀行績效的微觀影響分析。首先，提出銀行績效研究的理論基礎，界定銀行績效的內涵，介紹銀行績效的衡量方法，衡量指標體系的選擇。接著，對銀行績效的影響因素進行分析，為實證研究部分的微觀機制構建奠定基礎。從發展中國家以國有制為主的銀行體系所引發的公司治理問題出發，分析了國有銀行內部治理機制不健全、外部治理機制不完善、國有股一股獨大等問題導致的銀行效率低下。部分私有化正是其重要的改善途徑之一，而引入外資投資者更可以改善東道國銀行治理結構、促進激勵機制運作、發揮溢出作用和監督作用，從而提升東道國銀行效率。

第四章：外資銀行進入對東道國銀行績效的宏觀影響分析。從外資銀行進

入引起國內銀行的競爭程度變化出發，分析其對東道國市場結構的影響。隨著外資銀行進入程度的加深，東道國銀行體系競爭增強，存貸款利差縮小。經營壓力的增大，促進了國內銀行提高自身技術效率，增強競爭力。由於各國或地區的經濟發展水準及要素稟賦等方面的差異，外資銀行進入對銀行體系效率的影響具有不平衡性，會受到東道國的相關制度背景（包括市場的進入與退出壁壘、市場份額、市場集中度、市場結構變遷等）、經濟發展水準、金融發展水準的影響。

第五章：外資銀行進入對東道國銀行績效影響的實證研究。首先提出實證研究的總體設計和研究假設，選擇變量和建立模型，介紹數據來源，運用描述性統計分析、相關係數分析、單位根檢驗與面板數據分析等方法，從不同角度對研究假設進行實證檢驗。其中，外資銀行進入程度的衡量分別選擇外資銀行占東道國銀行數量比與資產比兩個指標，東道國銀行績效的衡量選用了一系列財務比例指標。通過對外資銀行進入程度對東道國銀行績效的作用，及其相關影響因素的多國面板數據分析，對上文的理論分析和相關研究假設進行驗證。

第六章：外資銀行進入對中國銀行績效的影響與對策。介紹中國金融開放的歷程、外資銀行進入中國銀行業的現狀和對中國銀行績效影響等情況。通過分析前文相關研究理論與實證研究的結論和啟示，為中國金融全面開放後，充分發揮外資銀行的進入對中國銀行績效的提高作用、為銀行和政府的相關政策制定提供參考。

第七章：總結與展望。總結本書研究中存在的不足和未來可能進一步的研究方向。

第五節　主要創新

本書的研究可能在以下幾個方面有所創新：

第一，分別從宏觀和微觀角度建立系統分析外資銀行進入與東道國銀行績效的研究框架。該研究框架中包括外資銀行進入通過產權效應和競爭效應發揮作用，影響東道國銀行績效。雖然近年來一些國內學者在研究中分別注意到了外資銀行進入對東道國銀行績效可能存在的市場結構和產權結構方面的影響，但是，他們並沒有系統深入地將宏觀和微觀視角結合起來對外資銀行進入與東道國銀行績效進行研究。因此，本書包含外資銀行進入與東道國銀行績效宏觀和微觀層面作用的研究框架，目前在國內是比較鮮見的研究，對於真正認識外

資銀行進入與東道國銀行績效之間的作用機制，具有重要價值，並且能夠得出一些有意義的結論。

第二，建立了外資銀行進入與東道國銀行績效的分析模型。與以往相關研究文獻相比，本書在外資銀行進入變量裡分別選取了外資銀行數量占比和外資銀行資產占比指標，在銀行績效方面引入了利息收入率、非利息收入率、稅前利潤率、間接費用率、貸款損失準備金比例等指標，且考慮了東道國經濟發展水準、金融發展水準、金融自由化程度等指標，這些指標較為深刻和全面地刻畫了外資銀行進入對東道國銀行績效的影響。在國內外學者已有的研究基礎上，考慮發展中國家特殊的經濟環境，將理論分析與實證研究相結合，使得模型構建及變量設計更加科學合理，增強了研究結論的可靠性。

第三，以發展中國家為研究對象進行實證檢驗，對金融全面開放條件下中國政府和銀行應對策略的制定提供了一些借鑑思路。以發展中國家最新數據為研究樣本，探討外資銀行進入對東道國銀行績效的影響和作用路徑，彌補了國內外學者對新情況下外資銀行進入發展中國家研究的不足，豐富了有關領域的研究。同時從銀行的微觀層面加以具體戰略分析，和從銀行業的宏觀層面加以對策分析，為中國政策制定者在金融開放時如何進行路徑選擇，制定恰當的管理規制，確保中國的銀行業積極應對外資銀行進入帶來的正面與負面效應，充分利用外資銀行進入提高中國銀行績效，提供了有益的借鑑。

第二章　外資銀行進入動因分析

本章從外資銀行的概念界定入手，介紹企業跨國經營的兩大經典理論——內部化理論和國際生產折中理論，並將其應用於銀行跨國經營分析。接下來分別從銀行層面和國家層面的影響因素出發分析外資銀行進入發展中國家的動因，為下文的研究提供理論鋪墊。

第一節　外資銀行概念界定

由於本書是從東道國角度來展開的，所以將外資銀行定義為：進入東道國的存款貨幣銀行的金融機構，包括外資銀行、證券投資公司和國際金融機構。以上的外資金融機構入股東道國金融機構，並準備長期持有東道國銀行股份的，則視為外國戰略投資者。按照國際慣例，外資金融機構持有東道國銀行股份超過50%的，該東道國銀行視為外資銀行。因此不僅僅是那些外資銀行設立的分行、附屬行、聯屬行等稱為外資銀行，那些通過併購外資所有權超過50%的銀行都稱為外資銀行。由於外資銀行所設立的代表處不能從事正常的銀行業務活動，因而排除在外。

WTO將金融服務劃分為：跨國界提供服務如國內機構從國外獲得貸款、在國外直接消費、外國金融機構在本國設立機構提供金融服務和外國自然人在本國提供金融服務四種形式。本書中的外資銀行進入屬於金融服務的第三種形式。因此所指外資銀行進入可表現為兩方面的含義：一是新的外資銀行進入東道國；二是東道國已進入的外資銀行加大在當地市場的開拓。對於外資銀行在東道國的參與程度可用外資銀行資產、貸款、存款在東道國銀行部門總資產、總貸款、總存款中的比重等指標來反應。外資銀行進入的可選擇路徑有：成立外資獨資銀行、在中國開辦獨立的分支機構、購買並持有中國國內銀行機構的股份與中方合資建立新的銀行。

第二節　外資銀行跨國經營的理論基礎

第二次世界大戰後，隨著世界經濟形勢的飛速發展，生產的社會化和國際化趨勢日益增強，國際資金流動越來越頻繁、規模越來越大，越來越多的銀行也走出國界開始跨國經營，跨國銀行日益成為國際金融領域中的主導力量之一。因此，許多西方學者開始對銀行的跨國經營進行深入系統的研究。對外資銀行跨國經營的研究大都建立在國際投資理論基礎之上，但主要有兩大理論被西方有關跨國銀行管理的文獻廣泛採用，並被一些銀行作為制定其跨國經營戰略的理論依據，它們分別是內部化理論（The Internalization Theory）和國際生產折中理論（The Eclectic Theory of International Production）。雖然商業銀行是一種有別於一般企業的特殊金融服務企業，但其業務與企業活動一樣，本質都是一種「服務」。Casson[①]將跨國企業定義為通過在一個以上的國家經濟中進行生產以增加自身價值的企業。因為所有的經濟活動都是為了增加價值，而增加價值是為了提供某種「服務」，跨國銀行正是提供跨國金融服務的特殊企業。上面兩個以生產企業為基礎的理論也同樣適用於銀行業的跨國發展行為，下面就首先介紹這兩個企業跨國經營理論，為後文研究銀行跨國經營的動因奠定基礎。

2.2.1　內部化理論

內部化理論的萌芽產生於 Coase 的論文《企業的性質》[②]。他指出企業之所以存在是由於通過市場進行交易的成本大於通過企業組織該交易的成本。之後，又由 Caves[③] 和 McManus[④] 進行補充，最終形成的內部化理論是在 Buckley 和 Casson 出版的《跨國公司的未來》[⑤] 中首次正式提出。內部化理論關於企業國際化成長和跨國公司產生分析的基本邏輯是：在市場不完全（Imperfect Mar-

---

[①] Casson M C. Multinationals and intermediate product trade: a computable model [M]. London: Palgrave Macmillan, 1985.

[②] Coase R H. The nature of the firm [J]. Economica, 1937, 4 (16): 386-405.

[③] Caves R E. International corporations: the industrial economics of foreign investment [J]. Economica, 1971, 38 (149): 1-27.

[④] McManus, J C. The theory of the multinational firm [M]. Toronto: Collier Macmillan, 1972.

[⑤] Buckley P J, Casson M C. The future of the multinational enterprise [M]. London: Macmillan, 1976.

ket）條件下，企業追求利潤最大化；當中間產品市場不完全時，企業就有繞過它建立內部市場的動力，包括用統一的所有權控制原本由市場連接的活動；最後，當企業的市場內部化超越了國界，跨國公司就產生了。其中，中間產品是內部化理論反覆強調的導致企業國際化經營的核心因素。現代商業部門不僅生產產品與提供服務，也從事許多其他活動，比如營銷與研發、雇員培訓、管理團隊組建、融資與金融資產管理等；這些活動均通過中間產品的流動和傳遞互相聯繫並互相依賴。有些時候，中間產品是普通的原材料或工業半成品；而另一些時候，中間產品則表現為知識與技能等無形資產，體現在企業的專利與人力資源中。無形資產在某種程度上都具有「公共物品」（Public Goods）[①] 的性質，且無形資產的定價受信息不對稱現象的困擾，在轉讓使用的過程中還存在不確定性，這就導致了中間產品市場的不完全性。中間產品市場不完全會導致許多交易無法通過外部市場達成，或即使達成也要承擔較高的交易成本。交易成本包括尋找相應產品的成本、確定成交條件、簽約、履約及為避免對方違約而付出的成本等。由於交易成本的存在，企業作為一種組織便具備了一定意義上替代市場的功能。一旦企業內部組織交易的成本低於市場的交易成本，企業便獲得了擴張的動力。這種擴張過程跨越國界，便產生了跨國企業。而企業創造其內部「市場」的過程，便是所謂的內部化過程。

將內部化理論運用到銀行業中，其內部化的核心原理可以用圖2.1進一步加以解釋。假定銀行和廠商一樣，是具有有限理性的「經濟人」，銀行佔有的生產要素有限，金融市場由國內市場和國外市場兩部分組成，並且金融市場的類型是非自由競爭的[②]。假定每一個市場交易關係的建立都需要付出一定的固定成本。假定每次成交額有一個最高限額，受倉儲和分銷能力的限制。為方便分析，進一步假定這一最高成交限額非常小（因此交易額的擴大直接表現為交易次數的增多，交易中所發生的總可變成本的水準就直接與其交易量正相關）。

[①] 公共物品與私人物品是一對相對的概念，私人物品具有排他性和競爭性，而公共物品則具有非排他性和非競爭性。

[②] 非自由競爭的金融市場包含以下幾個特點：要素流動受限制，要素報酬在國家間差別化；金融產品流動受限制，金融產品價格在國家間差別化；不同國家稅負水準、技術水準、風險係數不一致，且不同市場均存在信息成本；不同國家金融管制程度不同，產品價格（如利率）並非市場出清水準。

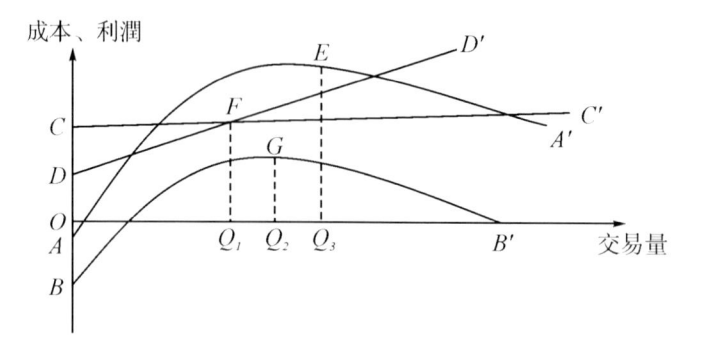

圖 2.1　內部化過程模型

　　假設在中間產品市場中可以把經營過程的兩階段聯繫起來，其中每一個經營階段都獨立由一家銀行來完成，並且市場上不存在阻礙合併的障礙，在這一情況下要求這兩家銀行的聯合利潤實現最大化。如果外資銀行的成本及收益函數和東道國銀行的成本及收益函數都已經事先給定，便可以得到中間產品交易對聯合利潤的貢獻曲線，即圖 2.1 中的 AA' 曲線，該曲線在 E 點處達到最高點。E 點所對應的交易量 Q_3 是在沒有交易成本情況下，能夠使聯合利潤達到最大化所需的中間產品交易量。接下來，假定外資銀行通過內部化過程建立內部「市場」的固定成本比建立外部市場交易渠道的固定成本高，顯然這一假定也是符合實際情況的。因為兩家銀行建立內部市場的過程就是進行合併建立內部一體化控制系統的過程，而這一過程實現所需的成本顯然要比兩家銀行在外部市場上直接建立業務聯繫的成本還要高得多。但是一旦兩家銀行的內部「市場」建立，在一家銀行內部不會有違約風險等問題，隨後發生的銀行內部交易所需追加的可變成本就會變得比外部市場的交易成本低得多。在圖 2.1 中的 CC' 代表內部市場的交易成本曲線，DD' 曲線代表外部市場的交易成本曲線。比較兩條曲線我們可以看到，CC' 線的截距比 DD' 線大，而斜率則比 DD' 線小。圖 2.1 中的 F 點左側，外部市場的交易成本較低，最低成本水準由 FC 表示。而隨著交易量的增長，最低交易成本水準由 DF 段表示；在 F 點右側，內部市場的交易成本較低，成本水準由 FC' 表示。因此隨著交易量的增長，最低交易成本沿 DFC' 線延伸。F 點對應的交易量為 Q_1，那麼，交易量低於 Q_1 時，中間產品的交易將通過外部市場進行，兩個銀行保持相互獨立的經營實體；當交易量超過 Q_1 時，兩個銀行通過合併活動合二為一，中間產品的市場將被內部化。上述分析表明，交易究竟會在內部市場還是在外部市場發生，關鍵取決於交易的規模，而交易的規模最終取決於通過交易實現的利潤最大化的均衡點位置

（即圖中 E 點的位置）。在圖中 AA'曲線與 DFC'線的垂直距離，表示交易對利潤的貢獻與交易成本之差。各交易水準所對應的上述差額由 BB'曲線各點的縱坐標給出。BB'曲線的最高點 G 對應的交易量為 Q_2，從圖2.1中可以看出 $Q_2 > Q_1$，所以，市場將被內部化。內部化理論的一個重要推論是內部化傾向將隨著交易規模的擴大而增強。從前面的假設條件中可以知道，交易成本同重複出現的交易次數有關，而與每次交易的規模無關，這樣通過簽訂長期合同或者一次性的大規模交易都會降低交易成本的水準，從而弱化銀行內部化的動機。據此也可以推出，那些具有大規模、盈利與開發創新能力強的大銀行比那些小銀行具有更強的內部化動機，特別是進行跨國併購的動機更強。因為前者與其他銀行特別是外資銀行進行交易的機會更多，這意味著他通過外部市場實現這種交易要承擔較高的交易成本，尤其在跨國交易中成本更高。因此一般來說，具有大規模、盈利與開發創新能力強的銀行更多採用對外直接投資的方式，降低自身在市場競爭中的交易成本，將在國際市場各種交易活動內部化，這也正是銀行跨國經營的根本原因之一。

　　Buckley 和 Casson[①] 提出的內部化理論有兩個假定前提：企業利潤最大化和不完全市場。內部化理論認為中間產品特別是知識產品（專利、專用技術、商標、商譽、管理技能和市場信息）的流動對當今企業的生存和發展具有重要意義。企業的生產經營活動需要有良好的外部環境，需要有發達的中間產品市場，但有些產品（特別是知識產品）的市場是不完全的。為了避免市場的不完全給企業的生產經營活動帶來不利影響，將市場內部化，即將不同的經營活動置於統一的所有權之下，是企業生存與發展的必然選擇。Rugman[②] 運用這一理論來解釋國際銀行的活動。跨國銀行內部化優勢是指銀行具有的、能夠通過內部化可控交易獲得的優勢。例如，銀行可以通過在國內外合理佈局設置分支機構、配置相關業務和人員、建立內部信息處理中心等方式實現優勢共享和節約成本。經營風險和不確定性、不完全市場的規模效益、市場不能為交易的外部性定價等因素是銀行通過對外直接投資方式將各種自身優勢內部化的主要原因。國際金融市場的不完全程度大於國內金融市場，而且跨國銀行可以從分散經營中獲得額外收益，所以跨國銀行從金融市場上獲得的內部化收益將大於從國內金融市場上獲得的收益。由於製造業公司跨國經營會增加其在海外要

---

① Buckley P J, Casson M C. The future of the multinational enterprise [M]. London: Macmillan, 1976.

② Rugman, A. M. Inside the multinationals: the economics of internal markets [M]. New York: Columbia University Press, 1981.

素市場和商品市場的經營成本，而銀行在海外提供金融服務時可以避免類似支出，所以銀行跨國經營的潛在優勢可能大於製造業跨國公司。Buckley 和 Casson[1]也用內部化理論解釋了跨國銀行形成與發展的原因，他們認為金融市場不完善和金融業務的特殊需求限制了各國銀行在某些金融業務上的合作，因此銀行選擇跨國經營。跨國銀行具有包括服務技術、品牌、商譽、管理技能及市場信息在內的大量中間產品，這些產品對銀行至關重要而且交易成本巨大，但是由於外部市場不完全、信息不對稱，所以銀行在讓渡中間產品時難以保障自身權益，不能有效通過市場配置資源。所以大量中間產品的存在也是推動銀行跨國經營的一個主要原因。

為了克服外部市場不完全，銀行利用轉移價格通過內部市場銷售中間產品，降低交易費用。內部市場的存在有助於銀行保留對中間產品的控制權，長期維持其相應的優勢，將母國特有優勢變為企業特有優勢，這激發了銀行服務的跨國延伸。由於市場不完全，銀行在讓渡其中間產品時難以保障自身的權益，也不能通過市場來配置其資源，保證銀行效益最大化。通過形成中間產品的內部市場，銀行可保留對中間產品的控制權，防止中間產品的擴散以免失去這種優勢，所以中間產品的內部市場化尤為重要。中間產品優勢是銀行的公共產品，通過離岸擴張這種優勢可被充分利用。銀行實行市場內部化的目標是獲得內部化收益，但市場內化也並不是沒有成本的，銀行此時必須承擔市場內部化的分配和定價成本。銀行市場內部化的程度取決於對內部化收益與成本比較的結果，內部化最好的結果是邊際成本等於邊際收益。總體而言，內部化理論認為銀行跨國經營有助於銀行通過內部化方式發揮自身所有權優勢，避免無法有效定價的外部市場所造成的負面影響。由此可見，內部化理論可以較好解釋銀行通過直接設立海外分支機構開展跨國業務的原因。

但是，內部化理論在解釋銀行跨國經營時也存在以下不足：首先，它沒有說明跨國銀行進行內部化時其所有權優勢的來源。因為根據內部化理論的觀點，來源於同一母國的外資銀行在面對特定海外市場應該具有相同的跨國經營機會，這種推論無法解釋來自同一母國的銀行跨國程度的差異。其次，它沒有解釋跨國銀行在區位選擇中進入某一特定市場卻不進入其他市場的原因。只有當跨國銀行可以通過內部化在某個海外市場獲得比在其他市場更多的所有權優勢時，該銀行才會在這個市場（而非其他市場）進行跨國經營。因此，跨國

---

[1] Buckley P J, Casson M C. Models of the multinational enterprise [J]. Journal of International Business Studies, 1998, 29 (1): 21-44.

銀行不能只考慮海外市場是否存在市場不完全現象，還應該考慮這種市場不完全與其所有權優勢之間的相互影響。再次，它沒有考慮金融信息之外其他宏觀政治及經濟因素的影響，且該理論屬於比較靜態分析而缺乏動態分析。

2.2.2 國際生產折中理論

國際生產折中理論是由 1977 年 Dunning 在論文《貿易、經濟活動的區位與多國企業：折中理論探索》①中首次提出的，他在之後的 1981 年出版的《國際生產和跨國企業》② 一書中更加全面、系統地闡述了這一理論。國際生產折中理論認為，從事對外直接投資活動的企業，必須具有所有權優勢、內部化優勢和區位優勢。所有權優勢，又稱為「壟斷優勢」或「競爭優勢」，包括兩個方面：一是由於獨佔無形資產（技術、商標、組織管理、銷售技巧、研發等）所產生的優勢；二是由企業規模經濟所產生的優勢。區位優勢並不是企業自身所能完全控制的，而是由東道國的多種因素所決定的，它包括東道國不可移動的要素禀賦、東道國的法律制度、經濟政策、基礎設施建設等所形成的各方面優勢。內部化優勢是指企業在內部運用自己的所有權優勢，以降低或消除交易成本的能力。用國際生產折中理論可以從下述三個方面來解釋銀行跨國經營的動因。

第一，外資銀行具備所有權優勢（Ownership Advantages）。銀行所有權優勢是指銀行具有的能夠不斷帶來未來收益的資產和能力，一般以無形資產形式存在，包括熟練的員工、經驗豐富的管理人員、良好的融資來源、廣泛高效的網絡、跨國經營的經驗、對特定客戶的瞭解、良好的銀行信譽，以及產品和市場的多樣化等。所有權優勢是銀行跨國經營的前提條件。因為國內銀行相對外資銀行更加熟悉當地客戶偏好，通信成本低廉，所以具有一定的當地優勢。相比較而言，外資銀行所有權優勢主要來自兩個方面：某種關鍵貨幣（主要是母國貨幣）業務帶來的優勢和銀行服務中的非價格競爭優勢。非價格競爭優勢中的產品差異化程度、融資能力以及規模經濟是外資銀行所有權優勢的主要來源。其中，產品差異化（Product Differentiation）③ 是營銷技術、研發能力、

---

① Dunning J H. Trade, Location of economic activity and the MNE: a search for an eclectic approach [J]. International Allocation of Economic Activity, 1977 (1023): 203-205.

② Dunning J H. International production and the multinational enterprise [M]. [s. n.]: Allen & Unwin, 1981.

③ 產品差異化是指企業以某種方式改變那些基本相同的產品，以使消費者相信這些產品存在差異而產生不同的偏好。

對特定市場和客戶商業信息累積以及銀行信譽等因素共同作用的結果。銀行能夠通過明顯的產品差別創造短期優勢，通過可預見的產品差別創造長期優勢。與製造業相比，銀行業產品創新能力非常有限而且大多數銀行產品容易被模仿，這決定了明顯的產品差別只能通過差異化服務實現。長期產品差別與銀行規模、信貸評級等因素有關，這些因素難以交易和模仿，所以能給銀行帶來長期優勢。另外，銀行規模、跨國經營經驗、網絡範圍和聲譽共同決定銀行的融資能力。由於銀行產品差異化程度較小，所以融資成本的差異會對銀行競爭力產生明顯的作用。如果區分批發業務和零售業務，可以發現批發貸款、外匯交易和國際清算業務的規模經濟十分顯著，這也是銀行所有權優勢的重要決定因素。

第二，外資銀行的區位優勢（Location Advantages）。區位優勢是銀行對外直接投資的必要非充分條件，單獨用區位優勢理論不能解釋外資銀行同當地銀行有效競爭的原因。大多數區位優勢並非銀行特有，區位優勢只有和所有權優勢、內部化優勢結合才能成為一個銀行自身特有的優勢。由於存在區位差異，銀行願意在經營成本最低的地區設立分支機構。不同國家在監管體制、實際利率、經濟狀況、社會文化上的差異以及銀行國籍差別是區位優勢的主要來源。這些國家層面的差異具體包括：①各國在稅收制度、準備金制度、外匯管理制度、銀行體系以及銀行業務範圍上的差異共同構成了國家監管體制的差異。在準備金要求低、稅率低以及對銀行定價、信貸配置和資本流動限制低的地區，銀行通常具有明顯的成本優勢。②各國限制性政策壁壘和不完善的市場結構嚴重影響了國際套匯功能的發揮，造成了國家間實際利率的差異，而外資銀行可以從低利率市場籌資後到高利率市場貸放，這種區位優勢是國內銀行無法具有的，它也說明融資來源和貸款走向不同會造成銀行間實際利差的不同。③東道國的經濟規模、經濟發展水準、經濟結構、母國經濟對東道國的影響程度、熟練勞動力的數量等經濟狀況的差異也會導致區位優勢的產生。處於結構升級過程中的發展中國家可以為外資銀行提供大量的商業機會，而母國與東道國間密切的貿易投資關係也會有助於母國銀行低成本地獲取商業信息。④在辦理以母國貨幣為交易貨幣的業務時，由於不涉及外匯風險，以母國貨幣為國際通用貨幣的銀行具有一定的區位優勢。此外，相近的社會體制、商業文化和語言等文化因素會減少外資銀行的進入成本，也會對區位優勢產生影響。

第三，外資銀行的內部化優勢（Internalization Advantages）。要素和產品市場的不完善是銀行內部化的主要原因，內部化優勢是銀行跨國經營的必要條件。通常來說，對信息依賴程度較大的行業可以從內部化中獲得很大收益，銀行業就

是如此。信息市場是典型的不完善市場，信息又是銀行極為重要的中間產品，銀行業對信息的依賴程度很高。在銀行跨國經營之前，銀行就可以從國內市場上獲得內部化優勢，其經營範圍國際化僅僅意味著銀行將內部化優勢應用到新市場。銀行跨國經營的內部化優勢所獲得的收益可以體現在以下五個方面：①遍布全球的經營網絡使外資銀行可以用內部資金替代外部資金，內部資金交易會降低交易成本和交易風險，增加資產和負債管理的彈性，也有利於外資銀行更好地通過套匯獲取利差收益。②作為服務性行業，銀行需要與客戶進行充分聯繫，獲取大量客戶信息。在某些服務上，跨國公司需要銀行有較快的交易速度和面對面的接觸，這促使銀行追隨跨國公司並在海外設立分支機構，具有充分的客戶聯繫優勢。③集中控制和全球佈局讓外資銀行可以有效規避東道國與母國的部分管制，獲得轉移資金的成本優勢和轉移定價優勢。通過轉移定價外資銀行可以在低稅率國家實現較高收益。除了獲得稅收優惠以外，外資銀行還可以規避資本流動限制。另外，不同銀行間不同時段內的利率差別也為外資銀行的轉移定價提供了大量機會。④外資銀行具有內部的全球信息網絡系統，系統中不斷增加的信息使外資銀行可以更好地發現全球商業機會、規避相關風險。廣泛的市場信息網絡中的信息交換在外部市場中往往難以獲得，或者難以高效及時地獲得。⑤與純粹的國內銀行相比，銀行跨國經營可以更有效地避免一國金融市場的不完善，降低收益的波動性，提高收入的穩定性。綜上可知銀行內部網絡越大，內部化優勢的潛力就越大，進行跨國經營的動機也更強。

生產折中理論的貢獻在於：該理論能夠融合各種學說之長，吸收了過去國際生產和貿易理論的精華，排除了傳統貿易理論中眾多的限制性假設，使人們可以綜合地探討對外直接投資的原因，更能解釋現實跨國公司經營行為的多樣化。在實踐中這種理論除適用於發達國家外，也能用於分析發展中國家海外直接投資現象。在分析方法上，它有效地將靜態分析和動態分析相結合。但國際生產折中理論也有一些不足之處，如其研究的範圍僅局限於內部的經濟要素，而忽略各跨國公司所處的特定社會環境與政治環境，無法揭示社會經濟、政治條件對跨國公司的影響，尤其對某些結構複雜的跨國公司無法給予清晰的解釋。

第三節　外資銀行進入發展中國家動因分析

外資銀行進入發展中國家是外資銀行和東道國政府共同作用的結果。外資銀行強烈的進入動機和東道國銀行業的對外開放政策是外資銀行得以大規模進

入的前提條件。長期以來，基於特有的重要性和脆弱性，銀行部門一直是各國最保守、開放程度最低的部門，對廣大發展中國家來說更是如此。但是20世紀90年代以來，許多發展中國家紛紛放鬆了對外資銀行的進入限制，部分國家外資的數量和資產規模都顯著提高。從嚴格限制到放鬆限制，這一行為的變化隱含了發展中國家面臨的外部約束條件的變化。從東道國視角出發，分析發展中國家開放銀行業市場、引入外資銀行的動因和理論依據，有助於我們分析發展中國家銀行績效的變化。從現有的國內外研究銀行跨國經營的動機分析的文獻中來看，銀行跨國經營的動機主要是跟隨客戶、追求利潤、規避管制及其他。

2.3.1 跟隨客戶

隨著經濟全球化的發展，生產要素在全球範圍內的自由流動和優化配置得以加速，各國間的經濟貿易往來愈加緊密。多數研究者認為發達國家與發展中之間不斷增長的經濟一體化程度，是推動銀行進行跨國擴張的一個重要原因。因為金融資產是經濟資源的運用和流動所必需的手段和方法，當經濟資源由於國際貿易的發展在全球範圍內流動和配置時，也必然要求金融資產的世界性流動和重新配置。在這一背景下，國內銀行為了給本國客戶提供更優質的服務而跟隨客戶擴張到貿易對方國成為跨國銀行。早期銀行跨國經營主要是協助其國內客戶去開拓國際市場，因而跟隨國內企業到國外市場。例如19世紀殖民地跨國銀行興起的原因，即是東道國銀行業過於落後而無法為本國公司提供所需要的金融服務。解釋這一現象的傳統理論就是跟隨客戶理論（Follow the Customer Hypothesis），它認為跨國銀行是跟隨其客戶到國外並向客戶提供無縫隙金融服務的。許多實證研究證實了跟隨客戶理論能較好解釋外資銀行跨國經營的行為，表現為東道國吸收的非銀行部門FDI與銀行部門FDI具有正相關性，即可認為東道國與母國之間的經濟一體化程度與外資銀行參與程度呈正相關。一些實證研究也證明跨國銀行進入的東道國銀行業並不一定落後，那裡的銀行也能提供當地公司所需要的服務，銀行跨國經營可能是為了保護已有客戶資源或謀取更大的利益。Seth、Nolle和Mohanty[①]通過對美國境內外資銀行的貸款流向進行研究，直接驗證了跟隨客戶理論，卻發現大多數情況下外資銀行的主要貸款並不是貸給來自母國的企業，跟隨客戶並不是銀行從事跨國業務的唯一

---

① Seth R, Nolle D E, Mohanty S K. Do banks follow their customers abroad? [J]. Financial Markets, Institutions & Instruments, 1998, 7 (4): 1-25.

決定因素。美國的主要外資銀行分別來自日本、加拿大、法國、德國、荷蘭和英國，而其中多數外資銀行並未將主要貸款借貸給原來的國內客戶。Miller 和 Parkhe[1] 對美國銀行在 32 個國家的海外業務模式進行研究，發現在發展中國家非銀行部門 FDI 流入增加並不必然導致更多銀行部門 FDI 流入，兩者之間沒有顯著的正相關關係。Esperanca 和 Gulamhussen[2] 採用 20 世紀 80 年代中期至 90 年代初 53 個國家外資銀行在美投資的數據進行研究，發現銀行跨國擴張不僅會追隨其原有的企業客戶。近年來越來越多有關外資銀行參與新興市場的研究文獻認為跟隨客戶理論難以合理解釋外資銀行參與新興市場的行為，說明對銀行跨國經營的動機還有新的解釋。

2.3.2 東道國市場的利潤機會

銀行跨國經營的根本原因是尋求更多的利潤機會。本國銀行業競爭激烈，利潤空間變得十分狹小，而到外國市場他能夠利用管理技術和經營訣竅降低邊際成本，從而獲得較高的利潤，這就促使他去國外開拓市場，以尋求獲得更多利潤的市場機會。Focarelli 和 Pozzolo（2001）[3] 通過對 OECD 國家的實證研究發現，外資銀行的跨國經營源於在東道國市場上尋找利潤機會的動機，其目的國銀行業一般具有較高的營運成本、較低的淨利潤、較多的現金流量等特徵。外資銀行可以借助其經營管理水準和新產品開發能力等優勢獲取高額利潤，提高盈利水準。而由於發達國家銀行業競爭較激烈，外資銀行在發達國家設立分支機構明顯不完全是為了爭奪利潤。由於 20 世紀 90 年代後，大多數發展中國家推行的金融自由化和以市場為導向的經濟改革催生了許多高回報的市場機會，而當地法律體系和市場規則的完善更有利於銀行的風險管理，這是外資銀行參與新興市場的一個重要原因。在金融開放前，許多新興市場的銀行業受到政府的高度保護，缺乏競爭，產品單一，普遍存在超額利潤的現象，因而新興市場銀行業對外開放的過程必然產生吸引外資銀行的高回報市場機會。同時，外資銀行進入新興市場，在某些銀行業務如零售業務、中間業務、衍生業務等方面獲得向市場提供新產品的機會，也由此獲取較高回報。現有多數文獻證

---

[1] Miller S R, Parkhe A. Patterns in the expansion of U. S. banks' foreign operations [J]. Journal of International Business Studies, 1998, 29 (2): 359-389.

[2] Esperanca J P, Gulamhussen M A. A note on foreign bank investment in the USA [J]. Applied Financial Economics, 2002, 12 (1): 39-46.

[3] Focarelli D, Pozzolo A F. The patterns of cross-border bank mergers and shareholdings in OECD countries [J]. Journal of banking & Finance, 2001, 25 (12): 2305-2337.

實，外資銀行進入新興市場很大程度上是受豐厚的獲利機會和較大的發展空間所吸引。Brealey 和 Kaplanis[1]、Yamori[2]、Buch[3] 等的研究均證實東道國人均 GDP 與銀行 FDI 之間存在正相關性。Claessens、Demirgüç-Kunt 和 Huizinga[4] 採用 1988—1995 年 80 個國家的銀行數據作為樣本，檢驗發現外資銀行參與程度最高的階段通常也是外資銀行在東道國利潤最高、稅收最低或人均國民收入最高的時期。Focarelli 和 Pozzolo[5] 利用來自 29 個經合組織國家的近 2500 家銀行的數據研究發現，外資銀行是否選擇進入目的國與該國的經濟預期增長率密切相關，外資銀行進入的方式受銀行關係中信息不對稱和監管限制的影響與其他行業存在較大差異，這些都與外資銀行基於獲利目的而選擇進行海外擴張的經營理念是相一致的。

2.3.3 東道國金融管制的放鬆

東道國銀行業的監管程度也是影響銀行跨國經營的一個重要原因，有的國家監管制度不健全，存在對外資銀行的監管弱於國內銀行的現象，這就為外資銀行的運作降低了成本，提高了效益。以離岸金融業為例，非居民的國際交易往往不存在利率和信貸限制，且沒有準備金要求，這可以在極大程度上降低離岸銀行的運作成本。一國的銀行業監管鬆緊程度影響了外資銀行進入的行為。Goldberg 和 Grosse[6] 發現，對外資銀行的進入和經營活動監管限制越少的地方，也是外資銀行出現最多的地方。

外資銀行的進入受一國金融對外開放程度和金融風險管制等因素的影響。一國的金融開放程度越大，金融管制越鬆，外資銀行進入的壁壘越弱，外資銀行才得以大規模地進入。國際上有些組織專門聯繫各國簽訂金融開放的協議，如 WTO 在 1997 年 12 月 13 日談判達成了《金融服務協議》，70 個國家簽署了以金

---

[1] Brealey R A, Kaplanis E C. The determination of foreign banking location [J]. Journal of International Money & Finance, 1996, 15 (4): 577-597.

[2] Yamori N. A note on the location choice of multinational banks: the case of Japanese financial institutions [J]. Journal of Banking & Finance, 1998, 22 (1): 109-120.

[3] Buch C M. Why do banks go abroad? —evidence from german Data [J]. Financial Markets Institutions & Instruments, 2000, 9 (1): 33-67.

[4] Claessens S, Demirgüç-Kunt A, Huizinga H. How does foreign entry affect domestic banking markets? [J]. Journal of banking & Finance, 2001, 25 (5): 891-911.

[5] Focarelli D, Pozzolo A F. The patterns of cross-border bank mergers and shareholdings in OECD countries [J]. Journal of banking & Finance, 2001, 25 (12): 2305-2337.

[6] Goldberg L G, Grosse R. Location choice of foreign banks in the United States [J]. Journal of Economics & Business, 2004, 46 (5): 367-379.

融開放承諾為基礎的協議，約定在 1999 年 3 月 1 日後允許外國在其境內建立金融服務公司，並將按競爭原則運行作為加入該組織的重要條件，進一步促進了各國金融機構的跨國經營。另外，根據 Markowitz① 的資產組合理論（Modern Portfolio Theory，MPT），在相同的收益率下，分散的多樣化投資要比單一的投資具有更小的風險，銀行在一國範圍投資和進入他國進行投資與之同理。

20 世紀 90 年代以前，亞洲新興市場國家實施了長期的金融抑制（Financial Repression）政策，不允許外資銀行進入，並限制已進入外資銀行的經營活動。這一政策在市場尚未成熟以前能使政府有效控制資源配置，為經濟起飛創造條件。然而進入 90 年代後，隨著經濟發展的加快和市場體系的健全，金融抑制的弊端日益凸顯，嚴重制約了金融業的發展，銀行績效低下。因此，東道國對外資銀行的態度有了轉變，由禁止或限制進入轉為允許或鼓勵進入，向外資開放本國銀行業，為外資銀行參與新興市場提供了新的機會。90 年代後，發展中國家先後開始推行國內金融自由化和以市場為導向的經濟改革。1997 年的金融危機給亞洲新興市場銀行業造成重大打擊，韓國和東盟四國（新加坡、馬來西亞、泰國、越南）的銀行體系陷於困境之中。各國處理金融危機的辦法通常是加速國內金融自由化進程，吸引外資參與國內銀行業的資本重組。金融危機迫使政府改變了對外資銀行的態度，放寬了外資銀行參與本地銀行業的條件，部分國家如菲律賓和泰國實施了一些短期、應急的外資銀行政策以鼓勵外資銀行參與本國銀行業的重組。這就進一步降低了外資銀行進入的門檻，催生了大量投資機會，吸收外資銀行湧入新興市場。Lardy② 發現在亞洲金融危機發生後，多數亞洲國家減少了對外資銀行進入的監管限制，外資持有內資銀行股權的比例份額得到了提高。Focarelli 和 Pozzolo③ 利用 OECD 國家 260 家大銀行的數據分析銀行對外投資模式的決定因素，發現東道國的金融管制程度與外資銀行進入程度呈負相關關係，東道國金融管制程度越低，外資銀行進入程度越高；反之金融管制程度越高，則外資銀行進入程度越低。

2.3.4 進入東道國的信息成本

進入東道國的信息成本是影響外資銀行進入的一個重要因素。銀行的跨國擴

---

① Markowitz H M. Portfolio selection [J]. Journal of Finance，1952（1）：77-91.

② Lardy N R. Foreign financial firms in Asia [R]. Washington, D.C.: The Brookings Institution, 2001.

③ Focarelli D, Pozzolo A F. Where do banks expand abroad? an empirical analysis [J]. The Journal of Business，2005，78（6）：2435-2464.

張是逐利的，信息成本最低的市場通常是外資銀行最可能進入的市場。信息成本常用地理距離、社會相似性等指標來反應。地理距離是指東道國和母國在地理上的遠近關係。地理距離越小，外資銀行進入所需耗費的信息成本越低，反之則越高。Buch[1]、Goldberg 和 Grosse[2] 的實證檢驗顯示，跨國銀行母國與東道國之間的地理距離與東道國銀行部門吸收 FDI 規模存在負相關關係。社會相似性是指東道國和母國之間存在的諸如語言、法律體系、社會道德、社會規範等方面的相似性，是反應信息成本的另一重要指標。社會相似性越高，外資銀行進入所花費的信息成本越低，反之則越高。Galindo、Micco 和 Serra[3] 檢驗了 176 個國家的雙邊銀行業數據後發現，某些社會相似性變量對銀行 FDI 流向具有重要影響，比如法律淵源的不同導致一國銀行對另一國銀行業的參與減少近 13%。

2.3.5 母國市場環境的變化

20 世紀 90 年代以來，發達國家國內金融自由化進一步深化，銀行業出現大規模的併購浪潮。發達國家國內銀行的這種大規模併購，加劇了國內市場的競爭，也加速了國內銀行市場的飽和。而發達國家國內銀行市場的飽和推動了銀行加速跨國擴張，積極參與新興市場。Guillen 和 Tschoegl[4] 對西班牙銀行跨國經營行為的研究發現，國內市場的飽和驅使西班牙銀行走出國門進入可擴大銀行資產規模的市場，其目的是進一步擴大銀行資產規模，以確保在國內市場競爭中處於優勢地位，拉丁美洲因與西班牙存在相似的社會文化而成為西班牙銀行跨國擴張的首選之地。同樣，德國、義大利和法國也經歷了大規模的國內銀行業併購浪潮，國內市場的飽和推動這些國家的銀行進行跨國擴張。在經歷了 80 年代末至 90 年代初國內金融管制放鬆後，美國銀行也出現類似歐洲銀行的跨國擴張行為。Berger 和 Hannan[5] 認為，隨著美國放鬆和取消對銀行跨州經營行為的限制，以及逐步許可全能銀行的出現，推動了美國國內銀行併購浪潮

---

[1] Buch C M. Why do banks go abroad? —evidence from German data [J]. Financial Markets Institutions & Instruments, 2000, 9 (1): 33–67.

[2] Goldberg L G, Grosse R. Location choice of foreign banks in the United States [J]. Journal of Economics & Business, 2004, 46 (5): 367–379.

[3] Galindo A J, Micco A, Serra C M. Better the Devil that You Know: Evidence on Entry Costs Faced by Foreign Banks. January 2003. IDB Working Paper No. 399.

[4] Guillen M, Tschoegl A. At Last the Internationalization of retail banking? the case of the Spanish banks in Latin America [C]. Center for Financial Institutions, 2000, 9 (5): 225–237.

[5] Berger A N, Hannan T H. The efficiency cost of market power in the banking industry: a test of the「quiet life」and related hypotheses [J]. Finance & Economics Discussion, 1998, 80 (80): 454–465.

的形成，也為美國銀行進行跨國擴張奠定了基礎。

2.3.6 銀行自身的機構特殊性

眾所周知，銀行是經營高風險產品的特殊機構，管理和規避風險是銀行經營管理的重要任務。理論上，銀行區域分佈的多樣性有助於分散和降低風險特別是國家風險，並改善銀行盈利能力。因此，銀行的跨國擴張獲取了因更大的經濟規模、更大的經營範圍和更豐富的產品種類複合所產生的規模經濟效益。Berger、Bonime 和 Goldberg 等[1]的研究證實，銀行以兼併收購等方式進行對外跨國擴張的行動，提高了銀行區域分佈的多樣性，進而起到了改善銀行自身風險報酬率和盈利水準的作用。Guillen 和 Tschoegl[2]研究了西班牙銀行進入拉丁美洲市場的行為，並對各家西班牙銀行的高管進行訪談，得到了與上述結論相一致的觀點，即銀行跨國擴張可以實現資本多樣化、擴大資產規模以及提高經營效率。不過，這是否是跨國擴張所帶來的效率提高仍值得探討。此外，20世紀90年代後跨國銀行的經營戰略和市場定位發生改變，跨國銀行逐步由國際化銀行（International Bank）向全球化銀行（Global Bank）轉變。跨國銀行的戰略轉變存在兩個主要原因：一是80年代發展中國家發生的債務危機造成了跨國銀行的巨額損失，跨國銀行的跨國貸款發放趨於謹慎，以發放跨國貸款為主的經營戰略已不適應新的形勢了，迫使跨國銀行轉向實行本土化的經營戰略，即通過在東道國設立更多的分支機構向當地市場客戶提供服務；二是90年代以來，國際流動資金充沛，機構投資者發展迅猛，同時新興市場資本市場快速壯大，直接融資模式成為東道國企業和政府募集資金的首選，而跨國銀行則更多是以有價證券的承銷商和購買者的身分參與其中，從某種角度來看直接融資取代了跨國銀行的跨國貸款。因此，銀行機構的特殊性及其自身經營戰略的轉變都加速了外資銀行在新興市場的參與。

---

[1] Berger A N, Bonime S D, Goldberg L G, et al. The dynamics of market entry: the effects of mergers and acquisitions on entry in the banking industry [J]. Journal of Business, 2004, 77 (4): 797-834.

[2] Guillen M, Tschoegl A. At last the internationalization of retail banking? the case of the spanish banks in Latin America [C]. Center for Financial Institutions, 2000, 9 (5): 225-237.

第三章　外資銀行進入對東道國銀行績效微觀影響分析

本章從微觀層面對外資股權進入與東道國銀行效率的關係進行分析，從亞洲新興市場國家以國有制為主的銀行體系所引發的公司治理問題出發，分析國有銀行內部治理機制不健全、外部治理機制不完善、國有股一股獨大等問題導致的銀行效率低下。部分私有化正是其重要的改善途徑之一，而引入外資投資者更可以達到改善東道國銀行治理結構、促進激勵機制完善、發揮溢出作用和監督作用，從而提升東道國銀行效率的效果。本章在微觀機制層面分析外資銀行進入對東道國銀行業的影響，為下文實證研究奠定微觀理論基礎。

第一節　銀行績效的內涵與衡量

3.1.1　銀行績效的內涵

銀行績效的含義基於企業績效，企業績效被定義為企業實現預先特定目標的程度。與績效緊密相關的一個概念是「效率」。效率（Efficiency）是與生產率（Productivity）聯繫在一起的。效率在古典經濟學理論上一般指的是投入與產出或成本與收益之間的關係。當效率概念被用於一個企業時，「有效率」是指在給定產出的條件下，能給企業帶來的最大產出；或者是生產一個既定的產出所需花費的最小支出或成本。薩繆爾森和諾德豪斯[1]給效率下的定義是「效率物品的生產，它的運行便是有效率的」。國內學者樊綱[2]認為經濟效率是指社會利用現有資源進行生產所提供的效用滿足的程度，因此也可一般地稱為資

---

[1] 保羅·薩繆爾森, 威廉·諾德豪斯. 經濟學 [M]. 18 版. 北京：人民郵電出版社, 2008.
[2] 樊綱. 公有制宏觀經濟理論大綱 [M]. 上海：上海三聯書店, 1990.

源的利用效率。餘永定等①界定了資源配置效率包含廣義和狹義的資源配置效率兩個層次的內容，這兩個層次是宏觀和微觀，並且互相影響。其中，廣義的資源配置效率，就是社會資源的配置效率。這種效率是通過整個社會的經濟制度安排實現的，也被叫作經濟制度效率。狹義的資源配置效率，即資源使用效率，一般指生產單位的生產效率，是通過加強生產單位內部生產管理和提高生產技術實現的。

銀行績效，是指銀行在業務活動中投入與產出或成本與收益之間的對比關係；從本質上講，它是銀行對其資源的配置效率狀況，是銀行市場競爭能力、投入產出能力和可持續發展能力的總稱。

銀行作為經營貨幣商品的特殊企業，其資金運作狀況直接影響到整個社會資源的配置效率。因此，銀行績效可以從微觀和宏觀兩個方面加以考察。從微觀層面來考察，銀行績效就是指各商業銀行所完成的金融資源配置達到的狀態，也就是其投入與產出或成本與收益的比較。從宏觀層面來考察，銀行績效就是銀行制度對國民經濟增長的貢獻率，也就是把銀行要素（人力、物力、分支機構、各類金融資產的存量和流量）的投入與國民經濟的增量和其增長質量進行比較。由於銀行作為金融仲介機構要承擔資源配置和宏觀經濟調控的公共性責任，特別在金融市場欠發達的發展中國家，銀行是社會資金的主導性供給者，對宏觀經濟的影響非常大。商業銀行宏觀公共性績效主要表現在優化金融資源配置、提升金融效率、支持經濟增長和維持金融穩定等方面。因此綜合來看，銀行績效應該是一個包含微觀企業性績效和宏觀公共性績效的綜合績效體系。

3.1.2　銀行績效的衡量

衡量銀行績效是一個很複雜的過程，包括評估內在運行、外在活動和經營環境的交互作用，已有國內外研究成果中選用的評估銀行績效的指標也多種多樣，包括財務指標、價格指標、X-效率、托賓 q 值等。因此，對於某些特定銀行對象，就存在一個如何選取最佳衡量指標的問題。總體而言，銀行績效衡量主要通過兩類方法：一是建立會計/財務評判指標體系，利用財務和會計的專業知識進行評判；二是引入經濟學中效率的概念，運用計量理論和統計方法對銀行績效進行評價。銀行績效衡量中，通常需要採用銀行業特定的指標體系，運用財務會計、數理統計和運籌學的方法進行定量和定性的分析，然後對

---

① 餘永定，張宇燕，鄭秉文. 西方經濟學 [M]. 北京：經濟科學出版社，1997.

照統一的評價標準綜合評判經營期間的經營效益（姚樹潔、馮根福和姜春霞[①]；王聰和譚政勛[②]）。

3.1.2.1 財務指標

通過對銀行資產負債表、利潤表、現金流量表的分析，得出一系列財務指標，從而對銀行的財務狀況和經營情況有較為明確的認識。財務會計指標所反應的各種因素較少受外部噪音因素的影響，更多反應的是銀行自身的信號。

銀行業的經營績效指標一般包括資產收益率（ROA）、淨資產收益率（ROE）、總資產收入率、利息收益率、非利息收益率、淨息差、稅前利潤率、管理費用率、收入利潤率等。資產收益率反應了銀行對社會金融資源的管理狀況，可用來衡量資產整合運用的結果；其比率越大，代表銀行經營績效越好，贏利能力越強。Keeton 和 Matsunaga[③]強調，如果銀行收益和支出結構與總資產關聯很緊密，則 ROA 指標對於測度銀行績效的波動是非常有效的。ROE 又稱為權益收益率，測度權益創造淨利的能力，其比率越大，股東投入資本的回報率也就較高。Civelek 和 Al-Alami[④]的研究則認為 ROE 優於 ROA，ROE 可以更合理地反應管理層為股東權益最大化所做的努力。由於新設的各類銀行的興起、國有商業銀行的股改和上市，同時運用 ROA 與 ROE 兩項指標來衡量獲利能力，將可以更加瞭解中國銀行的經營績效狀況。由於中國商業銀行業務中利息收入仍然是主要的收入，部分研究將總資產利息收入率納入測度指標。隨著金融改革的演進，基於手續費的各項銀行產品和服務的比例逐步增長，把總資產收入率也納入財務會計指標是非常必要的。淨息差是利息差與資產總額的比值，反應銀行對存款及貸款兩種服務的定價能力。如果銀行對產品實行非競爭定價，淨利息邊際就會較高，意味著銀行支付了較低的存款利率和收取了較高的貸款利率。

在已有研究中以銀行會計財務指標衡量銀行的績效被廣泛應用，但是該類指標也存在一定的局限，例如財務指標都受到不同的會計處理方法和多樣化經營等因素的顯著影響，導致在做國際比較處理時較為複雜。此外，在財務績效指標的使用選擇上的分歧，也說明了銀行是一種多投入產出的企業，需要採用

[①] 姚樹潔，馮根福，姜春霞. 中國銀行業效率的實證分析 [J]. 經濟研究，2004（8）：4-15.

[②] 王聰，譚政勛. 中國商業銀行效率結構研究 [J]. 經濟研究，2007（7）：110-123.

[③] Keeton W R, Matsunaga L. Profits of commercial banks in tenth district states [J]. Economic Review, 1985, 70（6）：3-21.

[④] Civelek M A, Al-Alami M W. An empirical investigation of the concentration-profitability relationship in the Jordanian banking system [J]. Savings and Development, 1991, 15（3）：247-260.

多種指標來消除衡量產出和服務所造成的片面性。

3.1.2.2 銀行價格指標

除以銀行財務指標、效率指標衡量績效外，另一種辦法是採用銀行的價格（如利率）指標，主要通過存貸利差的指標和銀行其他產品的定價指標來評判銀行績效高低。如 Berger 和 Hannan[1] 採用「價格—集中度」的關係而非「盈利績效—集中度」的關係來對結構法假說進行檢驗，他們認為高集中度的銀行業將產生非競爭性行為，而導致更低的存款利率和更高的貸款利率。然而，正如 Molyneux 和 Forbes[2] 所反駁的，對於銀行這樣的多產出企業，使用價格來衡量銀行的績效會產生交叉補貼問題，所以在實證研究中銀行價格指標的使用者不多，故下文的實證分析中也沒有選用這個指標。

3.1.2.3 X-效率

銀行效率可以分成兩個層次：銀行本身的運行效率和銀行在經濟運行中發揮金融仲介作用的效率。銀行本身的運行效率是指實際產出與潛在產出之間的比值。其中，潛在產出指該個體組織的最大生產可能邊界的水準。根據經濟學中生產函數的概念，生產要素投入通過生產函數的運作，可發揮出生產要素的潛在產出，因此可以實現最合理的投入和產出組合的能力。銀行發揮金融仲介作用的效率是指銀行在經濟增長和經濟結構調整中發揮促進作用的有效性。銀行績效衡量的就是其實現投入最小化或產出最大化的有效程度，大致可以包括四個方面，即收入效率、成本效率、利潤效率、管理效率。其中，收入效率是指銀行提高收入的效率，成本效率為銀行降低營運成本的能力，利潤效率為銀行提高整體營利性的能力，管理效率則指銀行管理自身流動性及風險性的能力。

下面從投入最小化的角度來闡述這種方法對銀行效率的測度。為了解釋企業內部的低效率現象，Leibenstein[3] 提出了著名的 X-效率理論（X-efficiency）。X-效率指的是來源不明的非配置效率，其實質就是被新古典理論假設抽象掉的企業組織管理效率。新古典理論把組織管理效率（或組織管理低效率）忽略掉，即假設企業組織內部有固定的效率，把企業組織看成一個

---

[1] Berger A N, Hannan T H. The price-concentration relationship in banking [J]. The Review of Economics and Statistics, 1989 (2): 291-299.

[2] Molyneux P, Forbes W. Market structure and performance in European banking [J]. Applied Economics, 1995, 27 (2): 155-159.

[3] Leibenstein H. Allocative efficiency vs.「X-efficiency」[J]. American Economic Review, 1966, 56 (3): 392-415.

有固定效率的黑箱。X-效率理論把組織管理效率同配置效率分割開來，以個人工作（努力）選擇的心理和行為為基礎來研究企業組織的效率，認為企業組織不僅存在配置效率的問題，而且存在組織管理效率的問題。

　　銀行作為生產金融產品的特殊企業，其經營的最終目標就是使股東財富最大化，而追求股東財富最大化的一個方面就是追求盈利的最大化。對銀行效率水準的考察，往往是通過 X-效率來界定的。X-效率是控制成本支出以及實現利潤的管理能力，與其相對的就是 X-無效率（X-inefficiency），即由於種種原因，經濟個體（包括個人和組織）通常總是不能以其所能達到的最大努力程度和最高效率水準來工作，因此在實際生產過程中經濟個體的生產總是與其所能達到的前沿存在著一定的偏離，這個偏離就是該經濟個體的 X-無效率。通過對銀行 X-無效率的考察，可以知道銀行在多大程度上以最小的投入獲得最大的報酬，即銀行能否達到最優狀態（比如通過某種經營方式達到）。具體來說，銀行的 X-效率又包括技術效率和配置效率，其具體含義通過圖 3.1 的來分析。

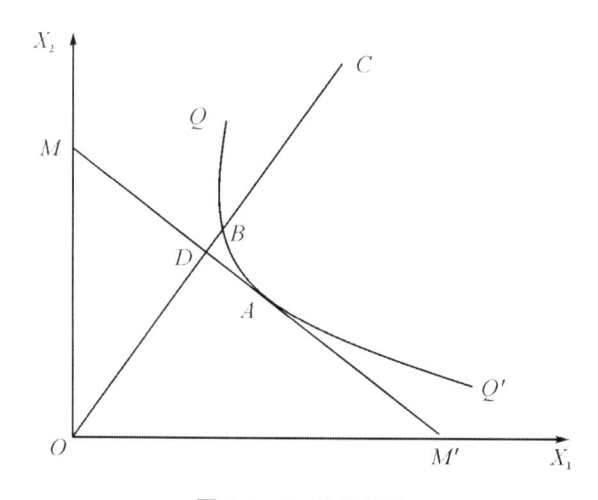

圖 3.1　X-效率曲線

　　假設銀行使用兩種投入 X_1、X_2 生產一種產出 Y。同時，假設銀行的前沿生產函數 $Y=f(X_1, X_2)$ 為規模報酬不變，等量曲線 QQ' 代表所有 X_1、X_2 的投入組合，並且所有銀行在等量曲線 QQ' 上所進行的生產被認為都是技術有效的。由於 Q 是曲線 QQ' 上的投入組合在現有技術水準下所能生產出來的最高產出水準，所以，使用曲線 QQ' 左下方的投入組合來生產 Q 是不可能的，而使用 QQ' 右上方的投入組合來生產 Q 是資源浪費，即銀行無效率。在圖 3.1 中，曲線 MM' 是銀行的一條成本預算線，曲線 MM' 與 QQ' 相切於 A 點。如果銀行在 A 點

進行生產，銀行的投入與產出將達到最優化，即以最少的成本最佳的投入配置來生產 Y；如果銀行在 C 點進行生產，則意味著銀行需要更大的投入組合來生產 Y，其實際成本增加至 OC，因此，銀行的 X-效率可以定義為：

$$X\text{-}效率 = OD/OC \tag{3.1}$$

可見，X-效率是銀行當前產出水準的理想最少成本和實際成本的比率。顯然，當銀行在 A 點生產時，X-效率等於 1，這時我們稱銀行存在 X-效率；反之，X-效率小於 1，則稱銀行存在 X-無效率。

X-效率又可以分解為兩項：技術效率（Technical Efficiency，TE）[1] 和配置效率（Allocative Efficiency，AE）[2]。技術效率反應的是給定投入的情況下獲取最大產出的能力。在圖 3.1 中，技術效率可以表示為：

$$TE = OB/OC \tag{3.2}$$

當 TE=1 時銀行能夠充分利用當前技術在等產量曲線上生產，銀行存在技術有效；當 TE<1 時，銀行在等產量曲線的右上方生產，視為技術無效。技術效率可以進一步分解為兩項：規模效率（SE）和純技術效率（PTE）。

配置效率（TE）衡量的是對於當前各種投入的價格，銀行能否選擇正確的投入組合。如果銀行選擇了正確的投入量組合，則為配置有效，否則為配置無效。在圖 3.1 中，配置效率可以表示為：

$$AE = OD/OB \tag{3.3}$$

可見，只有當銀行在最小成本預算線上生產時，配置效率方為 1，這時銀行為配置有效；當銀行不在成本預算線上生產時，配置效率小於 1，這時銀行存在配置無效。所以：

$$X\text{-}效率 = OD/OC = OB/OC \times OD/OB = TE \times AE \tag{3.4}$$

銀行的效率通過 X-效率水準來考察，其關鍵點在於考察控制成本支出以及實現利潤的管理能力，不論是技術效率還是配置效率，最後都要迴歸到效率最初的經濟學含義：生產最優化。因此，我們在考察銀行或銀行併購效率的時候，要把重點放到銀行的成本效率和盈利效率等效率上面。以上所分析的 X-效率談到的都是一般角度的分析，即談論的是傳統經濟學所強調的兩個最優化：產出一定的情況下，成本最少；成本一定的情況下，產出最大。銀行併購

---

[1] 技術效率，指投入與產出因素之間的最佳配置狀態。從投入角度理解技術效率，是指在相同的產出下生產單元理想的最小可能性投入與實際投入的比率。從產出角度理解技術效率，是指相同的投入下生產單元實際產出與理想的最大可能性產出的比率。

[2] 配置效率，是指以投入要素的最佳組合來生產出「最優的」產品數量組合。在投入不變的條件下，通過資源的優化組合和有效配置，效率就會提高，產出就會增加。

的效率就是 X-效率的具體化的衍生。

以上分析可以擴展到銀行多投入、多產出的情況。假定銀行業中有 10 個獨立的生產單位，記為生產單位 1，2，…，10；這些生產單位使用資本和勞動兩種要素進行生產。記第 t 期銀行業（最先進）的生產函數為 $y = f^t (K, L)$，則銀行的生產可能集為：

$$S^t = \{(K, L, y) \mid f^t (K, L) \geqslant y\} \tag{3.5}$$

假定生產可能集 S^t 是凸集，且滿足以下兩個條件：

（i）常規模收益公理：如果 $(K, L, y) \in S^t$，那麼任取 $\lambda \geqslant 0$，$(\lambda K, \lambda L, \lambda y) \in S^t$；

（ii）自由處置公理：如果 $(K_1, L_1, y_1) \in S^t$，且 $K_1 \leqslant K_2$，$L_1 \leqslant L_2$，$y_1 \geqslant y_2$，那麼必然有 $(K_2, L_2, y_2) \in S^t$。

以上定義的行業生產可能集 S^t 構成了對其中不同銀行部門技術績效評價的參照。對於銀行業的生產部門（內資或外資）來說，由於其生產技術未必是行業內現有的最先進技術，而且其生產中還可能存在技術資源浪費，使其無法達到自己潛在的最高生產效率，因此它可能並不在行業的生產可能集邊界（技術前沿）上生產[1]。如果時期 t 的部門 n（$n = 1$，2，…，10）的生產數據為 (K_n^t, L_n^t, y_n^t)，那麼以時期 t 銀行的技術前沿為標準，定義該部門的距離函數為[2]：

$$\begin{aligned} D^t (K_n^t, L_n^t, y_n^t) &= \sup\{\theta \mid (K_n^t/\theta, L_n^t/\theta, y_n^t) \in S^t\} \\ &= [\inf\{\theta \mid (\theta K_n^t, \theta L_n^t, y_n^t) \in S^t\}]^{-1} \end{aligned} \tag{3.6}$$

其直觀的解釋是：如果將現有要素投入等比例地壓縮後仍能獲得產出 y_n^t，那麼就意味著此時銀行的生產未處於行業技術前沿，而最大壓縮比例就是 D^t。顯然，只要 $(K_n^t, L_n^t, y_n^t) \in S^t$，就有 $D^t (K_n^t, L_n^t, y_n^t) \geqslant 1$。當 $D^t (K_n^t, L_n^t, y_n^t) = 1$ 時，部門 n 的生產處於行業技術前沿上，其生產技術同時也是行業內最先進的技術；當 $D^t (K_n^t, L_n^t, y_n^t) > 1$ 時，部門 n 是在銀行生產可能集的內點上生產，意味著它與另一部門存在技術差距。

上述理論分析在經驗實證研究中的最大困難是確定銀行參照技術。數據包絡分析（Data Envelopment Analysis，DEA）提供的方法是，根據各生產單位

---

[1] 標準的 DEA 假定所有生產單位都有同樣的生產技術，從而某一生產單位未達到生產可能集 S^t 前沿的原因只是指後者——技術效率損失。這裡的模型假定 FDI 企業與內資企業間存在現實的技術差異，因此後文對模型結果的解釋也有所不同。

[2] 這裡的定義是基於投入（Input-Based）進行的，與之對應的另一種定義是基於產出的距離函數，參見 Fare（1994）。

（部門）的生產數據，潛在（行業最優）生產技術的生產可能集模擬為下述包絡集：

$$\hat{S}^t = \{(K^t, L^t, y^t) \mid y^t \leq \sum_n z_n^t y_n^t; \sum_n z_n^t K_n^t \leq K^t, \sum_n z_n^t L_n^t \leq L^t; z_n^t \geq 0, n = 1,\ldots, 10\} \quad (3.7)$$

其中，z_n^t 表示部門 n 在構造生產前沿中的比重。記上述距離函數的倒數為 F^t，根據式 3.6 和 3.7，F^t 的計算歸結為一個線性規劃問題：

$$F^t = (K_n^t, L_n^t, y_n^t) \equiv [D^t(K_n^t, L_n^t, y_n^t)]^{-1} = \min \theta^k$$
$$s.\ t.\ (\theta K_n^t, \theta L_n^t, y_n^t) \in \hat{S}^t \quad (3.8)$$

與 D^t 相反，如果 $F^t < 1$，則說明該部門位於生產前沿面內部；該值越接近 1，表明該部門越靠近行業技術前沿。

隨著時間變化，銀行的技術前沿及銀行內各部門的生產狀況也將發生變化。仿照 3.6 式，可以一般性地定義部門 n 在 t 期的生產相對於 τ 期行業技術前沿的距離函數：

$$D^t(K_n^t, L_n^t, y_n^t) = \sup\{\theta \mid (K_n^t/\theta, L_n^t/\theta, y_n^t) \in S^t\} \quad (3.9)$$

根據 Caves、Christensen 和 Diewert[①] 的研究，時期 t 到 $t+1$ 期間部門 n 的全要素生產率的增長可以用 Malmquist 指數來表示。根據參照技術的不同，該指數的計算結果也不一樣。下面是分別以時期 t 和時期 $t+1$ 的技術為參照的 Malmquist 指數定義如下：

$$m_n^t = \frac{D^t(K_n^t, L_n^t, y_n^t)}{D^t(K_n^{t+1}, L_n^{t+1}, y_n^{t+1})}, \quad m_n^{t+1} = \frac{D^{t+1}(K_n^t, L_n^t, y_n^t)}{D^{t+1}(K_n^{t+1}, L_n^{t+1}, y_n^{t+1})} \quad (3.10)$$

而為了避免隨意選取參照技術引起的差異，通常使用上述二者的幾何平均值：

$$M_n^t \triangleq 1/2 = \left[\frac{D^t(K_n^t, L_n^t, y_n^t)}{D^t(K_n^{t+1}, L_n^{t+1}, y_n^{t+1})} \frac{D^{t+1}(K_n^t, L_n^t, y_n^t)}{D^{t+1}(K_n^{t+1}, L_n^{t+1}, y_n^{t+1})} \right]^{1/2}$$
$$= \left[\frac{D^t(K_n^t, L_n^t, y_n^t)}{D^{t+1}(K_n^{t+1}, L_n^{t+1}, y_n^{t+1})} \right] \left[\frac{D^{t+1}(K_n^{t+1}, L_n^{t+1}, y_n^{t+1})}{D^t(K_n^{t+1}, L_n^{t+1}, y_n^{t+1})} \frac{D^{t+1}(K_n^t, L_n^t, y_n^t)}{D^t(K_n^t, L_n^t, y_n^t)} \right]^{1/2}$$
$$\triangleq EC \cdot TC$$

$$(3.11)$$

---

① Caves D W, Christensen L R, Diewert W E. The economic theory of index numbers and the measurement of input, output, and productivity [J]. Econometrica: Journal of the Econometric Society, 1982: 1393-1414.

该式第二行揭示了 Malmquist 指数中兩個不同的增長效應：第一個方括號項定義為 EC，在 DEA 文獻中稱為技術效率增長率，是部門生產點與技術前沿間距離的變化，本書將其解釋為該部門相對於行業前沿技術的追趕效應（Catch-up Effect）[1]；第二個方括號項 TC 是技術進步，反應的是部門自身最大潛在生產能力的增長。

前沿效率分析方法是銀行效率評價中的重要方法，它是指通過測量某一待考察銀行與效率前沿銀行（Efficient Frontier Bank）的偏離程度來衡量該銀行的效率（又可稱為前沿效率），它可以反應銀行的整體績效，是目前國際上採用比較多的銀行效率測度方法。這裡，效率前沿銀行是指在給定的技術條件和外生市場情況下，實現最佳績效（成本最小化或利潤最大化）的銀行。效率前沿銀行並不是現實中的某一銀行，而是從經濟最優化的角度構建的理想的高效率銀行。要測定某一銀行的前沿效率，首先要估測效率前沿銀行的生產（成本或利潤）函數，簡稱效率前沿函數（Efficient Frontier Function）。

依據計算原理，可將前沿效率分析方法劃分為非參數方法（Non-parametric Estimation Method）和參數方法（Parametric Estimation Method）[2]。區分的標準是對所研究數據的假設，包括最佳邊界函數形式、是否考慮隨機誤差項以及在考慮隨機誤差項後是否區分無效率項和隨機誤差項及其對應的概率分佈。參數方法是一種事先假定效率邊界函數具體形式的一種效率計算方法，且考慮了隨機誤差的干擾。根據對銀行效率中無效率項和隨機誤差項分佈函數假定的不同，參數方法又進一步分為隨機前沿法（Stochastic Frontier Approach，SFA）、自由分佈法（Distribution-free Approach，DFA）與厚邊界函數法（Thick Frontier Approach，TFA）（Berger，Hancock 和 Humphrey）[3]。非參數法是一種事先不假定邊界函數形式的效率計算方法，沒有考慮隨機誤差的干擾，主要有數據包絡分析法（Data Envelopment Analysis，DEA）和無界分析法（Free Disposal Hull，FDH）。

---

[1] 追趕效應指宏觀經濟學中一國初始狀況對其持續增長的影響。在其他條件相同的情況下，如果一國開始時較貧窮，他就更傾向於比開始時就富裕的國家經濟增長更快。

[2] 在一個統計推斷問題中，如果總體分佈的具體形式已知（最常見的是假定為正態分佈），則我們只需對其中含有的若干個未知參數做出估計或進行某種形式的假設檢驗，這類推斷方法稱為參數方法。但在許多實際問題中，我們對總體分佈的形式往往所知甚少（如只能做出諸如連續型分佈、關於均值對稱等微弱的假定），甚至一無所知。這時就需要使用不必（或很少）依賴於總體分佈形式的統計推斷方法，此類推斷方法通常稱為非參數方法。

[3] Berger A N, Hancock D, Humphrey D B. Bank efficiency derived from the profit function [J]. Finance & Economics Discussion, 1992, 17 (2-3): 317-347.

採用參數方法對銀行效率進行測算的一個主要缺陷是事先為最佳效率邊界設定了函數形式，因而可能導致計量出現偏差（Berger 和 Humphrey）[1]。與參數方法相比，非參數方法的最顯著特點是無須對生產系統進行明確的生產函數形式的假定，而是依靠決策單位（Decision Making Units，DMU）的實際觀測數據，利用線性規劃方法將有效的 DMU 線性組合起來，構造出包絡整個觀測樣本點的分段超平面即生產前沿面，並由此來評估 DMU 的相對效率。由於非參數法無須預先確定生產（成本）函數形式，可評價不同量綱的指標，具有較強的客觀性，而且對樣本量要求不大。DEA 是 Charnes、Cooper 和 Rhodes[2]提出的一種衡量全要素生產率及其變化的非參數估計方法，該方法得到了數學的嚴格證明。它不僅對樣本容量的要求較低，而且對生產函數的具體設定沒有要求，因此完全避免了隨意假定生產函數而導致的衡量誤差。DEA 的基本思路為通過適當的線性規劃方法得到樣本中績效最好的生產單位，並以其投入產出水準作為潛在的最大產出或最小投入水準，亦即潛在的技術前沿，然後通過對比各生產單位的實際投入（產出）水準與潛在生產技術前沿水準之間的差距來確定各生產單位的生產率狀況，據此可找到同一時期生產最有效率的部門，以及各部門與生產最有效部門的差距。DEA 方法在應用中可以通過求解利潤最大化問題計算利潤效率，或者通過求解成本最小化問題計算成本效率（Charnes、Cooper 和 Lewin）[3]。在 DEA 估計方法中，銀行綜合效率等於銀行在當前的產出水準下的理想最低成本與實際成本之間的比率，因此在綜合效率等於 1 時銀行的經營綜合有效，而綜合效率小於 1 時則為綜合無效。依據關於規模報酬假設的不同，DEA 估計技術又可以分為規模報酬不變前提下的 CCR 模型以及規模報酬可變條件下的 BCC 模型，其計算結果分別為 CRS 技術效率和 VRS 純技術效率，利用二者可以求出規模效率，等於 CRS 技術效率除以 VRS 純技術效率，即可將 CRS 技術效率分解為 VRS 純技術效率和規模效率。從動態發展的角度考慮，基於 DEA 方法的 Malmquist 全要素生產率指數

---

[1] Berger A N, Humphrey D B. Efficiency of financial institutions: international survey and directions for future research [J]. European Journal of Operational Research, 1997, 98（2）: 175-212.

[2] Charnes A, Cooper W W, Rhodes E. A data envelopment analysis approach to evaluation of the program follow through experiment in US public school education [R]. Carnegie-Mellon Univ Pittsburgh Pa Management Sciences Research Group, 1978.

[3] Charnes A, Cooper W W, Lewin A Y, Seiford L M. Data envelopment analysis: theory, methodology, and applications [M]. New York: Springer Science & Business Media, 2013.

（Malmquist）[①]還可以用來考察各部門時間序列上的生產率變動。Berger、Hancock 和 Humphrey[②]認為採用 X-效率來衡量銀行效率的主要方法是構建效率的前沿面，然後測度各銀行距離最小成本的遠近程度。通過分析他們認為 X-效率的因素占銀行運行成本的 20%～25%，規模效率和範圍效率等因素則只占到 5%左右。Kwan 和 Eisenbeis[③]通過其實證分析得出銀行的 X-效率甚至可以決定銀行的規模效率和範圍效率。

3.1.2.4 托賓 q 值

國內外眾多研究認為公司的市場價值指標能直接體現股東追求財富最大化的要求，用其來衡量公司價值的最大優點在於如果資本市場滿足有效市場假說（Efficient Markets Hypothesis，EMH），則股票價格能夠充分反應每個市場參與者的私人信息，那麼市場就能對企業經營情況的各種變化進行準確反應，此時股票的市場價格就是衡量企業績效的最好指標（Fama）[④]。在這一思想下，托賓 q 值（Tobin's Q Ratio）被諾貝爾經濟學獎得主 James Tobin[⑤]提出，它等於公司的市場價值對公司資產的重置價值的比率，反應的是一個公司兩種不同價值估計的比值，目前被廣泛作為衡量公司績效的指標。公司的市場價值是該公司預期自由現金流量以其加權平均資本成本為貼現率折現的現值，可以用公司股票的市值與公司發行的債券市值來計算，而公司資產的重置價值，即用公司的當前股本計算，是公司的「基本價值」，一般使用該公司總資產的會計值代替該重置值。

托賓 q 值計算公式為：$q = (R_1 + R_2)/B$ (3.12)

其中，q 表示托賓 q 值，R_1 表示公司的股票市值，R_2 表示公司的債券市值，B 表示公司的資產重置成本。

托賓 q 值根據公司的資產價值的變化來衡量市場績效的高低。當邊際 $q>1$（即企業的邊際投資的市場價值/這項投資的重置成本>1）時，增加投資意味

[①] Malmquist S. Index numbers and indifference surfaces [J]. Trabajos De Estadistica, 1953, 4 (2): 209-242.

[②] Berger A N, Hancock D, Humphrey D B. Bank efficiency derived from the profit function [J]. Finance & Economics Discussion, 1992, 17 (2-3): 317-347.

[③] Kwan S H, Eisenbeis R A. An analysis of inefficiencies in banking [J]. Journal of Banking & Finance, 1995, 19 (3-4): 733-734.

[④] Fama E F. Efficient capital markets: a review of theory and empirical work [J]. Journal of Finance, 1970, 25 (2): 383-417.

[⑤] Tobin J. A general equilibrium approach to monetary theory [J]. Journal of Money Credit & Banking, 1969, 1 (1): 15-29.

著企業將投資具有正淨現值的項目而增加贏利，這會增加企業的投資需求；當邊際 $q<1$（即企業的邊際投資的市場價值/這項投資的重置成本<1）時，增加投資意味著企業將投資具有負淨現值的項目而造成虧損，這會減少企業的資本需求。

第二節　產權結構與銀行效率

3.2.1　產權結構論

在關於銀行產權改革領域的研究中，由於銀行是特殊的企業，相關的研究是在企業產權改革理論的基礎之上進行的。銀行私有化的理論研究是以國有企業（State-owned-enterprises，SOE）私有化理論研究為基礎展開的，相關學者主要從制度經濟學的委託—代理關係、產權理論、軟預算約束理論學等方面加以論述，以期為私有化的合理性和可行性找到理論依據。

產權理論（Property Rights Theory）關於銀行產權改革的原因分析，主要以產權具有的激勵機制作用作為分析的突破。Demsetz[1]強調指出：「產權意味著權利對所有者自己或他人有益或有害，注意到這一點是十分重要的」，產權規定了個人如何收益或受害，以及誰在向誰支付代價以調整人們的行為。產權的基本功能是在更大程度上引導實現外部性的內部化動力。Demsetz 將產權分為三類：共有產權（Common Property Right）、私有產權（Private Property Right）、國有產權（State-owned Property Right）。從外部性的角度對比上述三種產權：共有產權將導致巨大的外部性，並失去應有的效率。私有產權則意味著產權所有者在對其他人在使用資源方面違背自己意願時選擇一種保護措施，以免受到傷害。通過產權的私有化可以使得外部性內部化，提高效率。除了外部性，私有產權可以為所有人提供更多的激勵，同時體現相對於共有產權的專業化優勢。按照產權理論私有產權的激勵作用更多是源於產權的排他使用，來保證產權的所有人具有完全的剩餘收益索取權，提供產權的分割和轉讓使得資產能夠集中在使這種資產產生最大價值的人手中。因此，私有產權賦予產權人以剩餘收益索取權而實現整個社會資源的最優配置。熊繼洲[2]認為私有產權是

---

[1] Demsetz H. Toward a theory of property rights [J]. The American Economic Review, 1967, 57 (2)：347-359.

[2] 熊繼洲. 論國有商業銀行體制再造 [M]. 北京：中國金融出版社，2004.

實現資源優化配置的最佳制度選擇，主要有以下三點原因：第一，產權主體的自利動機使得私有產權可以發揮「看不見的手」的導引作用而增加供給；第二，私有產權使用資源具有更大的替代性，常常會被配置到更有價值的用途上，使社會福利趨於最大化；第三，私有產權被監督而所有者更多地承擔了他們行為的經濟後果，因而資源在使用時更容易，不致造成浪費。相反，如果稀缺性資源被置於公共領域，則其可得性不久就會降低至社會的理想水準之下。

同理，私有化也可以影響銀行業績效，Clarke、Cull 和 Shirley[①] 在總結了 *Journal of Banking & Finance* 關於銀行私有化專題論文的研究成果後，發現銀行私有化通常會提高銀行效率，特別是政府在不限制競爭的情況下允許外資銀行參與私有化進程，銀行業的效率提升會更大。

委託—代理理論（Principal-agent Theory）的研究表明，由於在委託人與代理人之間存在嚴重的信息不對稱性，會存在逆向選擇與道德風險問題。解決委託—代理問題的關鍵是設計有效的監督和激勵機制，減少當事人的事前和事後的機會主義行為。商業銀行最顯著的特點就是產權主體單一、缺位，治理結構不合理，缺乏合理的約束激勵機制，容易造成經營的低效率。Levine[②] 研究了銀行的公司治理結構，發現國有銀行一旦處於銀行體系的控制地位，政府會利用其代理機構，以監管的手段保護其競爭優勢地位，阻止新銀行或外資銀行的進入。如果政府通過顯性或隱性的政府擔保為國有銀行提供流動性，會阻礙國有銀行公司治理的發展和經營效率的提高。特別是在計劃經濟體制下，國家所有權是政府決策權的制度保證，會出現政府干預下的內部人控制，表現為銀行家缺位和機會主義兩種形式。這些問題都將導致銀行監督不足，使所有者與委託者經營目標不一致。內部人缺乏剩餘索取權，缺乏追求銀行經營利潤最大化的動力，也缺乏對應的監督的行為和動力，這些均不利於銀行效率的提高。當銀行有效地調動和分配資金時，將降低企業的資本成本，促進資本形成，並刺激生產率增長。因此，銀行治理的薄弱會對整個經濟產生負面影響。因此，解決國有銀行效率低下問題的關鍵，不是依賴政府的監管，而是應建立有效的內部激勵約束機制和銀行家市場的篩選機制。由於銀行比其他行業更不透明，政府必須通過健全會計、審計等相關制度來保證信息披露的透明度，這些屬性削弱了許多傳統的治理機制，提倡加強私人投資者對銀行實施治理的激勵。通

---

① Clarke G R G, Cull R, Shirley M M. Bank privatization in developing countries: a summary of lessons and findings [J]. Journal of Banking & Finance, 2005, 29 (8-9): 1905-1930.

② Levine R. The corporate governance of banks: a concise discussion of concepts and evidence [J]. Policy Research Working Paper Series, 2004 (3): 91-107.

過內部控制機制（公司治理）與外部控制機制（法律和市場）的雙重調節實現資源的最優配置。

公共選擇理論（Public Choice Theory）將經濟學上的「經濟人」假設引入對政府行為的分析，認為缺乏競爭導致政府政策和管理的低效率、政府擴張與公共資源的浪費、俘獲效應（Capture Effect）[①] 與政府腐敗、尋租及缺乏有效監管等問題，政府的活動並不總像應該的或像理論所說的那樣有效，即存在「政府失靈」現象。為解決政府失靈問題，芝加哥學派提出了市場化改革的思路，試圖通過把市場經濟的競爭機制引入政治市場化來提高後者的運行效率。

軟預算約束理論（Soft Budget Constraints）指出，國有產權的制度安排下，國有銀行和國有企業存在合謀的動機，由於軟預算約束[②]的存在，國有企業會產生不顧一切的投資饑渴，銀行不得不提供貸款而形成大量的呆壞帳，不良資產增加，資金的循環能力降低，這將導致國有銀行效率的進一步降低。

綜上，不論是產權理論還是委託—代理理論，都強調了一個事實，即私有產權比共有產權具有更多的優勢、更高的效率；因為市場經濟的發生與發展有兩個非常重要的前提：一是以私有產權為基礎的產權多元化；二是以公平競爭為基礎的價格形成機制。國有商業銀行具有的產權制度缺陷表現為經營難以真正市場化，效率低下。這主要是由於產權主體單一、產權主體虛置、過多履行政府職能等方面。所以銀行私有化的最終目標是提高銀行業的整體產出，降低銀行業的系統風險。其中，產權的最優配置問題，即以私有產權為主的多樣化的產權配置，是首先和必須要解決的問題。具體而言，提高產出需要將資產配置給最具經營能力的人；降低銀行業的系統性風險，則需要產權人具有某些來自外部的約束力，以降低其過度承擔風險從而提高資產收益的動機。從本質上說，銀行的私有化不能僅僅局限於將銀行的資產以某種形式初始性地分配或出售給某些私人或組織，更重要的是要篩選出能發揮激勵約束機制的最優產權受讓者，能發揮後續的外部約束，監督和控制產權行使人。這一目的的實現需要市場力量和政府控制，政府與市場是互相協調和配合的互補關係。

產權結構論強調銀行自身的產權結構會對銀行的經濟績效發生影響，這一視角屬於內部治理的範疇。產權結構學派認為產權結構對銀行效率有顯著影

[①] 俘獲效應是指擁有社會資源分配權的政府往往會成為個人特殊利益集團追逐的對象。通常是通過合法的利益訴訟和非法的政治交易，少數利益集團最終將政府俘獲，將其變成他們追求各自私利的工具。

[②] 軟預算約束是指社會主義國家的企業在入不敷出後，政府對虧損企業的救助現象，包括財政支持、追加投資、減稅或提供其他方面的隱性補貼等。

響。私人企業具有可追溯的人格化股東，其產權所有者因為享有剩餘利潤佔有權，同時也是企業風險的最終承擔者，因此具有強烈的動機去提高企業效益，具有較為理性的風險規避意識。股東要掌握剩餘索取權，就必然要控制企業。當大股東控制不了企業且代理成本又太高使股東無法忍受時，以產權結構變革為始的治理結構調整就必然會發生。因此，產權理論的變革主張是，產權從公有轉換為私有的過程中，企業因為改革了激勵機制和治理機制，從而最終會提高效率。也就是說，產權改革之所以有意義，就在於它改變了企業治理機制[1]。產權結構是指不同所有制的比例關係，可用國有獨資部門占整個行業的市場份額表示，也可用國有股占整個行業股權的比例來表示。

產權明晰是銀行績效的關鍵或決定性因素。產權結構論以契約關係為基本分析工具，以企業是一系列「契約關係的聯結」為分析的邏輯起點，著力於分析銀行產權結構、激勵機制與企業績效之間的關係，認為企業績效的關鍵在於產權結構的優化配置。國有制商業銀行的委託人是政府，產權不明晰，不追求經濟利益最大化，代理人存在嚴重的道德風險，導致商業銀行效率低。

據此，產權結構論主張，提高國有商業銀行效率的關鍵在於對其進行產權改革，引入具有監督和執行能力的戰略機構投資者，並將符合上市條件的銀行上市，通過在資本市場上吸納非國有投資者，達到產權多元化的目的，進而逐步完善國有銀行公司治理結構。

3.2.2　產權結構與銀行效率

產權對效率的決定性作用有兩種理論，一種是產權論，另外一種是超產權論。其中，產權論認為產權是決定企業效率的決定因素。一種產權規範一旦具有社會和法律的性質，它就取得了制度的形式。所謂產權制度就是指既定產權關係和產權規則結合而成的且能對產權關係實行有效組合、調節和保護的制度安排。新制度經濟學將產權制度理解為影響資源配置和經濟績效的重要內生變量，並運用「交易費用」這一分析工具力圖說明制度安排最優結構的狀態。產權經濟學認為，產權制度是否有效，主要的判別標準是看它在解決外部性問題上交易費用的大小。因為產權制度最主要的效能在於它能降低經濟活動中的交易費用，從而提高資源的配置效率，促進經濟增長。根據產權經濟學的解釋，產權制度的效率性或效能的獲取源於其內在功能，具體包括如下五項：

---

[1] Vickers J, Yarrow G. Economic perspectives on privatization [J]. Journal of Economic Perspectives, 1991, 5 (2): 111-132.

第一，產權制度有助於明確交易界區。交易本質上是產權的交換，因此，排他性產權的確立是市場機制有效協調微觀決策的必要條件。一個法律上強有力的產權制度可以通過界定和保護排他性的產權，使交易者既能在市場上展開公平的現貨交易，又可以與其他交易者締結具有法律保障的契約關係，形成多樣化的財貨交換方式和財產轉讓方式，如借貸、租賃、拍賣、期貨交易等。

第二，產權制度有助於規範交易行為。現代市場經濟條件下，財產的實際佔有具有複雜性和多樣性，一個在法律上強有力的產權制度一方面通過法律等形式界定財產的最終歸屬，保護所有者的權益，另一方面對財產實際佔有主體進行定位和對其擁有的權限進行界定。明確的產權關係既有助於制定公平而有效的交易規則，又能有效地約束和規範行為人的交易行為。因此，產權明晰是市場經濟有序運行的重要條件之一。

第三，產權制度有助於形成穩定的預期。產權是由一系列權利與義務的規範組成的，一旦排他性產權確定，產權主體就可以在法律允許的範圍內和不損害他人權益的條件下自由支配、處分產權，並獨立承擔產權行使的後果；他將全面權衡成本與收益的關係，以效應最大化原則來支配和處分產權。

第四，產權制度有助於增強產權主體的內在激勵。產權制度的激勵功能是指產權制度所提供的規則或機能使產權主體具有從事經濟活動的內在動力。確立排他性產權可以塑造出新的激勵，激勵產權所有者參與交易活動，進行技術創新，推動經濟增長。產權制度的激勵功能是建立在產權界定明晰基礎上的，產權越明晰激勵功能就越強，反之則弱。

第五，產權制度具有約束功能。約束是反向激勵，約束與激勵相輔相成。產權制度的約束功能是指產權制度所提供的對經濟活動中的機會主義行為傾向加以抑制的機制。機會主義行為屬於「分配努力」而「非生產努力」，如「尋租」和「搭便車」行為等。機會主義的大量存在，無疑會造成經濟運行的紊亂和低效，導致交易費用上升和社會福利損失。產權關係是利益關係和權利關係的統一體，作為一種責任關係，排他的特性使產權制度具有內在強制性的約束機制，將產權主體的經濟行為限定在一定的範圍內，如果超出就會受到處罰。

綜上可知，只要產權界定清晰，就可以提高銀行的效率。某些國有銀行的效率低下正是由產權界定模糊、沒有明確的出資人造成的。私有化的產權可以有明確的出資人，因此產權理論是國有銀行股份制改革的理論依據。由於市場對資本的監督作用，私營商業銀行相對國有銀行、合作銀行經營的效率會更高。

国外研究文献有很多支持产权结论的结论，如 Hasan 和 Marton[1] 用 SFA 方法对匈牙利银行业 1993—1998 年的数据进行的分析，认为效率较高的外国控股银行使整个银行系统更有效率。另外，Jemric 和 Vujcic[2] 用数据包络分析对克罗地亚的研究也表明，外资银行和新建银行更有效率。Grigorian 和 Manole[3] 对 17 个转型国家 1995—1998 年的数据分析，发现外资控股银行（持有超过 30% 的股份）更有效率；与此类似，Yildirim 和 Philippatos[4] 的研究发现外资控股的银行成本效率更高但盈利也较低。Denizer、Dinc 和 Tarimcilar（2000）[5] 通过对土耳其金融自由化之后的银行数据进行分析，发现银行所有权结构变化是影响绩效的一个重要因素，外资银行的进入能够减少东道国银行业的净资产收益率和费用支出，提高效率。私营或外资银行因为规模更小，结构更动态，所以会对自由化做出更好的反应，但他们的效率并不比国有银行高。

国内学者多以中国商业银行为研究对象，这些研究成果多支持银行产权结构对银行绩效有明显影响（伍志文和沈中华[6]、李艳虹[7]等）。如魏煜和王丽[8]，赵昕、薛俊波和殷克东[9]，赵永乐和王均坦[10]都运用了 DEA 方法对中国商业银行效率进行了研究。虽然他们的研究在样本银行的数量、投入变量和产出变量的选择上存在差异，但研究都发现国有独资商业银行的效率明显低于新

---

[1] Hasan I, Marton K. Development and efficiency of the banking sector in a transitional economy: Hungarian experience [J]. Journal of Banking & Finance, 2003, 27 (12): 2249-2271.

[2] Jemric I, Vujcic B. Efficiency of banks in croatia: a DEA approach [J]. Comparative Economic Studies, 2002, 44 (2-3): 169-193.

[3] Grigorian D A, Manole V. Determinants of commercial bank performance in transition: an application of data envelopment analysis [M]. Washington, D. C.: The World Bank, 2002.

[4] Yildirim H, Philippatos G. Efficiency of banks: recent evidence from the transition economies of Europe, 1993-2000 [J]. European Journal of Finance, 2007, 13 (2): 123-143.

[5] Denizer C, Dinc M, Tarimcilar M. Measuring banking efficiency in the pre-and post-liberalization environment: Evidence from the Turkish banking system [M]. Washington D.C.: The World Bank, 2000.

[6] 伍志文, 沈中华. 外资银行股权进入和银行绩效的联动效应——基于面板数据的分析 [J]. 财经研究, 2009, 35 (1): 111-121.

[7] 李艳虹. 股权结构与商业银行绩效：国际比较与中国实证 [J]. 金融研究, 2008 (11): 138-145.

[8] 魏煜, 王丽. 中国商业银行效率研究：一种非参数的分析 [J]. 金融研究, 2000 (3): 88-96.

[9] 赵昕, 薛俊波, 殷克东. 基于 DEA 的商业银行竞争力分析 [J]. 数量经济技术经济研究, 2002, 19 (9): 84-87.

[10] 赵永乐, 王均坦. 商业银行效率、影响因素及其能力模型的解释结果 [J]. 金融研究, 2008 (3): 58-69.

興股份制商業銀行，研究結論基本一致。劉偉和黃桂田[1]認為，中國國有商業銀行存在的問題是系統性的，但核心是產權結構問題，而不是市場結構的問題，正是因為中國銀行業的資產與市場份額集中於產權結構不合理的國有商業銀行，改革的側重點就不能從市場結構的調整為起點，而要堅決地進行國有商業銀行的產權改革。在這種背景下，以市場結構為突破口的改革將可能導致中國經濟的振蕩。黃憲和王方宏[2]對中國和德國的國有商業銀行、股份制銀行和信用合作社三種所有權類型銀行的經營績效進行對比，發現從資產收益率指標看，國有獨資銀行明顯低於股份制商業銀行；從股本收益率指標看，二者的差距更大。而銀行委託代理機制的完善、銀行市場競爭的加劇、銀行產權改革、銀行經理市場競爭及金融市場結構等因素均會對銀行效率產生影響。類似的研究還有，周小全[3]發現國有商業銀行這種產權制度使銀行存在巨大的代理風險和普遍的內部人控制，風險約束的自律機制不可能建立，商業準則也不能成為銀行行為的最高準則；國有商業銀行信用事實上已經轉變為國家信用，無論是民眾還是客戶，都認為國家銀行絕對不會倒閉，對銀行的風險熟視無睹，銀行因此缺少來自外部、社會的有效監督，產權結構不合理已成為影響中國銀行業經營績效的重要因素。時旭輝[4]認為以多元化和明晰化為目標的產權制度改革，將是今後相當長的一段時期內中國國有商業銀行改革無法繞開的核心問題。陳偉光和肖晶[5]指出中國國有銀行的低效率問題不是由銀行市場結構集中造成的，而是單一的產權結構和相應的不健全的治理結構下國家所有制壟斷的結果，國有商業銀行在運行機制及其效率上的種種問題都與這種單一的產權結構有關。銀行國有產權的普遍存在使資源配置過程更具有政治意義而不是效率性，並最終與較慢的金融和經濟發展相關。因此，產權明晰是銀行績效的關鍵或決定性因素。

另一類觀點則認為，由於債權人剛性的財務約束和破產機制、經理人市場的競爭等等外部因素的影響，產權的差異對銀行績效並沒有顯著影響，此為超

---

[1] 劉偉，黃桂田. 中國銀行業改革的側重點：產權結構還是市場結構 [J]. 經濟研究, 2002 (8): 3-11.

[2] 黃憲，王方宏. 中國與德國的國有銀行效率差異及其分析 [J]. 世界經濟, 2003 (2): 71-78.

[3] 周小全. 中國銀行業經濟績效決定因素——市場結構與產權結構 [J]. 投資研究, 2003 (7): 2-5.

[4] 時旭輝. 國有商業銀行改革與中國銀行業的對內開放 [J]. 經濟與管理研究, 2004 (4): 7-11.

[5] 陳偉光，肖晶. 外資銀行進入效應實證研究 [J]. 經濟學家, 2007 (1): 96-103.

产权论的观点。超产权论是对产权论的延伸和发展，它在产权论的基础上，发展了竞争激励与效率的关系，认为产权的改变只是改变公司治理的一种手段，它只改变了银行的经营激励机制，但这种改变并不一定保证银行绩效的提高。竞争是激励的又一个重要的基本要素，没有竞争，只有产权的改革，并不能达到预期效果。例如，在垄断市场中，产权界定明确，经营者为了增加经营权带来的收益，通过抬价获得垄断利润，这种坐地收租的行为不会刺激银行经营者产生增加管理的努力与提高效率的动机。也有学者持有产权论和超产权论的统一论的观点，如 Fama[1]、Verbrugge 和 Goldstein[2] 以及 Blair 和 Placone[3] 都对美国不同所有制形式的银行经营状况进行了比较分析，发现在比较互助合作形式与股份制形式的储蓄贷款业时，合作形式的机构相对股份制形式更为有效。Bonin、Hasan 和 Wachtel[4] 使用 1996—2000 年 11 个东欧转型经济国家银行的数据进行实证研究，并把外资控股银行区分为由一个投资者控股的银行和多个外资联合控股的银行，发现国有股权相对国内私有股权并不存在有统计上显著性的负效应，私有产权本身并不能保证银行绩效。该研究还发现与国内私有银行相比，外资控股银行（特别是由单个投资者控股的银行）经过规模调整后取得了更多的存贷款和更优质的服务水准。而政府控股银行只取得较少的存款和贷款，并存在较高的非利息支出，经营效率更低。国内学者萧松华和刘明月[5] 也发现不管哪一种环境压力，归根到底，其核心是处理好经营者和所有者的利益关系，通过适当的激励与约束机制消除或降低由于信息不对称所引起的委托—代理问题，最终使经营者、所有者二者的利益最大化。非私营商业银行也存在多种环境压力，因而不会比私营商业银行绩效更低。

关于银行产权结构与效率的关系，目前学术界还未形成统一结论，其中多数文献认为银行产权结构与银行绩效有关。如：Pi 和 Timme[6] 对美国股票公开

---

[1] Fama E F. Banking in the theory of finance [J]. Journal of Monetary Economics, 1980, 6 (1): 39-57.

[2] Verbrugge J A, Goldstein S J. Risk return, and managerial objectives: some evidence from the savings and loan industry [J]. Journal of Financial Research, 1981, 4 (1): 45-58.

[3] Blair D W, Placone D L. Expense-preference behavior, agency costs, and firm organization the savings and loan industry [J]. Journal of Economics and Business, 1988, 40 (1): 1-15.

[4] Bonin J P, Hasan I, Wachtel P. Bank performance, efficiency and ownership in transition countries [J]. Journal of banking & finance, 2005, 29 (1): 31-53.

[5] 萧松华, 刘明月. 银行产权结构与效率关系理论评析 [J]. 国际金融研究, 2004 (5): 4-10.

[6] Pi L, Timme S G. Corporate control and bank efficiency [J]. Journal of Banking & Finance, 1993, 17 (2-3): 515-530.

交易的大銀行的研究表明股權結構與銀行績效有關。Bhaumik 和 Mukherjee[①] 通過對印度銀行樣本數據分析，發現印度國有銀行的淨資產利潤率、人均業務量和人均利潤率均低於私營銀行，而不良貸款率則高於私營銀行。Bonin、Hasan 和 Wachtel[②] 對波蘭、捷克、匈牙利、保加利亞、羅馬尼亞和克羅地亞等中東歐轉型國家數據的分析發現私營銀行的資產收益率和股權收益率均比國有銀行更高。Cornette、Guo 和 Khaksari 等[③] 的研究也發現國有銀行的營利性遠低於私營銀行。中國學者丁志杰、王秀山和白欽先[④] 研究發現在經濟相對落後的拉丁美洲地區，國有銀行的經營效率要低得多；而在市場經濟發達的歐洲，國有銀行與私營銀行的效率相差不大。黃憲和王方宏[⑤] 在對比中國和德國國有銀行與其國內的其他所有制類型的銀行經營效率後，也發現了類似的情況，私營商業銀行並不比國有銀行和合作銀行更有效率，國有獨資銀行的效率雖低於新型的股份制商業銀行，但卻高於城市商業銀行。

但是，也有不少研究認為銀行產權結構與銀行績效無關。如：Verbrugge 和 Goldstein[⑥] 發現美國互助制與股份制銀行在儲蓄貸款業務上相比，互助制反而比股份制更加有效。DeYoung 和 Nolle[⑦] 發現美國州立銀行績效的提高源於外地銀行進入導致的競爭加強。Altunbas、Evans 和 Molyneux[⑧] 分析德國 1989—1996 年的數據，發現私營銀行並沒有比公共儲蓄銀行和互助銀行更有效率。國內學者郎咸平[⑨] 對 78 個國家和地區的 958 家上市銀行進行分析，發現銀行產

---

① Bhaumik S K, Mukherjee P. The Indian banking industry: a commentary [M]. [S. l.]: Macmillan, 2002.

② Bonin J P, Hasan I, Wachtel P. Privatization matters: bank efficiency in transition countries [C]. [S. l.]: William Davidson Institute, 2004, 29 (8-9): 2155-2178.

③ Cornett M M, Guo L, Khaksari S, et al. The impact of state ownership on performance differences in privately-owned versus state-owned banks: an international comparison [J]. Journal of Financial Intermediation, 2010, 19 (1): 74-94.

④ 丁志杰，王秀山，白欽先. 金融體系重組中國有銀行產權改革的國際經驗 [J]. 國際金融研究，2002 (4): 27-31.

⑤ 黃憲，王方宏. 中國與德國的國有銀行效率差異及其分析 [J]. 世界經濟，2003 (2): 71-78.

⑥ Verbrugge J A, Goldstein S J. Risk return, and managerial objectives: some evidence from the savings and loan industry [J]. Journal of Financial Research, 1981, 4 (1): 45-58.

⑦ DeYoung R, Nolle D E. Foreign-owned banks in the United States: earning market share or buying it? [J]. Journal of Money, Credit and Banking, 1996, 28 (4): 622-636.

⑧ Altunbas Y, Evans L, Molyneux P. Bank ownership and efficiency [J]. Journal of Money Credit & Banking, 2001, 33 (4): 926-954.

⑨ 郎咸平. 咸平財評銀行改革：產權無關論 [J]. 新財富，2003 (1): 22-23.

權結構與銀行績效無關。

第三節　外資銀行參股、東道國銀行產權結構與效率

3.3.1 國有銀行的存在和效率

與一般企業不同的是，商業銀行具有其特殊性。首先，商業銀行居於國民經濟中的核心地位。成思危[1]認為銀行在現代經濟中的功能表現在充當金融仲介、幫助企業營運、優化資金配置和傳導貨幣政策等四個方面。其次，Diamond 和 Dybvig[2] 提出銀行擠兌模型（Diamond-Dybvig Model），認為銀行業具有內在的脆弱性，單個銀行的破產倒閉，容易產生整個銀行業的擠兌風險，導致多米諾骨牌效應[3]。上述兩方面的原因使得許多國家政府直接持有商業銀行的股票。La Porta、Lopez-de-Silanes 和 Shleifer[4] 的研究表明，政府作為銀行的大股東在全球範圍內廣泛存在，國有銀行中政府持股比例均值為 41.6%，即使剔除前社會主義國家仍高達 38.5%。並且通常銀行的規模比一般企業的規模要大得多，銀行管理者很少或不直接持有銀行的股票。因而，在實證研究文獻中，無論是對單個還是多個國家樣本的銀行實證研究，研究設計基本上是從國內銀行與外資銀行、國內國有銀行與私營銀行的角度出發。

自 20 世紀 80 年代以來，受傳統銀行業務衰落的影響，相關領域的學者們也逐漸將研究視角從機構主義轉向功能主義，他們對銀行功能的衡量除了信貸要素外，又增加了風險管理、資本配置等要素（Merton[5]、Levine、Loayza 和 Beck[6]）。當然，與非金融部門一樣，信貸資本的市場配置也有失靈問題。解

---

[1] 成思危. 深化金融改革，改善金融監管，促進經濟金融協調發展 [C] // 現代商業銀行，2008，20 (7): 4-7.

[2] Diamond D W, Dybvig P H. Bank runs, deposit insurance, and liquidity [J]. Journal of political economy, 1983, 91 (3): 401-419.

[3] 多米諾骨牌效應或多米諾效應（Domino Effect），指在一個相互聯繫的系統中，由一個很小的初始能量引發的一系列連鎖反應。這種效應廣泛地被應用於多領域之中，用來解釋一些具有關聯性的現象。

[4] La Porta R, Lopez-de-Silanes F, Shleifer A. Government ownership of banks [J]. The Journal of Finance, 2002, 57 (1): 265-301.

[5] Merton R C. A functional perspective of financial intermediation [J]. Financial Management, 1995 (2): 23-41.

[6] Levine R, Loayza N, Beck T. Financial intermediation and growth: causality and causes [J]. Journal of Monetary Economics, 2000, 46 (1): 31-77.

決這個疾病有兩種不同的藥方。在激進主義者看來，銀行不創造任何價值，銀行家作為金融資本家是產業資本家掠奪剩餘價值的幫凶，而且也參與對個人創造的剩餘價值的剝奪。理論上，激進主義觀點就這樣同時否定了銀行的機構主義和功能主義觀點；政策上，既然私人銀行是多餘而無用甚至是「壞」的，政府直接配置金融資源就是必要的，安排國有銀行就是當然的。另一種藥方是開給發展中國家和市場經濟國家的：在這裡，國有銀行被看成彌補信貸市場失靈的有效制度安排；對發展中國家來說，因缺乏成熟的商業銀行而需要安排國有銀行充當儲蓄轉移工具。即使銀行國有產權如此普遍，但是其經營效率又如何？基於各國經濟意識形態的差異，關於國有銀行效率問題存在發展觀點和政治觀點兩種不同的觀點，他們分別給出了截然不同的理論回應。

首先，發展觀點認為為了解決信貸市場失靈，相對於直接提供補貼等政策而言，國有銀行是政府干預儲蓄配置的最便利的政策工具。政府可以借助國有銀行控制金融資源並使其流向國家經濟發展戰略部門而非私人部門（Gerschenkron，1962）[1]。在發展理論看來，國有銀行既能幫助政府克服私人資本市場的失靈，也能為社會所需要的項目提供信貸支持，創造了巨大的投資需求，也因此而促進了增長。Krishnan[2] 研究了1960—1980年的印度尼西亞、泰國和馬來西亞等國家樣本，發現國有銀行也被當成使信貸資本流向戰略部門的重要制度安排。

其次，政治觀點猛烈批評國有銀行因彌補信貸市場失靈而能促進經濟發展的觀點，認為這是樂觀主義發展觀的基本理念。因為銀行國有使信貸資源的配置被政治強烈影響，它使政府支持那些經濟上低效率而在政治上合適的項目（Micco、Panizza）[3]。在發達國家，國有銀行被迫發放政治動機的貸款且貸款使用效率低下（Bandiera、Caprio 和 Honohan 等[4]，Verbrugge、Megginson 和 Owens[5]）；國有企業的低效率等不良現象也與國有銀行相關（Frydman、Gray

---

[1] Gerschenkron A. Economic backwardness in historical perspective: a book of essays [R]. Cambridge, MA: Belknap Press of Harvard University Press, 1962.

[2] Krishnan, K. P. The future of financial sector reforms [R]. The 3rd ICRIER-InWEnt Annual Conference: 2009.

[3] Micco A, Panizza U. Bank ownership and lending behavior [J]. Economics Letters, 2006, 93 (2): 248-254.

[4] Bandiera O, Caprio G, Honohan P, et al. Does financial reform raise or reduce saving? [J]. Review of Economics and Statistics, 2000, 82 (2): 239-263.

[5] Verbrugge J, Megginson W L, Owens W L. State ownership and the financial performance of privatized banks: an empirical analysis [C] // [S. l.]: Proceedings of a Policy Research Workshop at the World Bank. 1999: 1-34.

和 Hessel 等[1]，La Porta、Lopez-de-Silanes 和 Shleifer)。[2] 在發展中國家，對金融發展滯後、緩慢乃至消失，銀行部門低效率和大量不良貸款，國有銀行壟斷對市場力量的破壞、對私人部門的信貸歧視，緩慢的經濟增長等諸多問題，國有銀行需要承擔相應責任（Dinç)[3]。大量實證分析不同程度地證明：國有銀行使信貸配置受制於政治目標，助長金融腐敗；導致銀行低效率和借款企業低效率；抑制金融發展也阻礙經濟增長（Beck、Levine 和 Loayza[4]，Galindo、Micco 和 Powell[5]）。與其認為國有銀行對克服市場失靈感興趣，還不如說它更喜歡追求政治目標。國有銀行更傾向為勞動力密集型行業提供融資，而不太可能如預期那樣花費成本去甄別真正的戰略部門並為之融資。La Porta、Lopez-de-Silanes 和 Shleifer)[6] 通過對多國數據進行的實證分析表明，欠發達國家國有銀行的壟斷地位導致了國內信貸配置低效率、當地經濟發展緩慢和金融體系落後、人均收入水準較低等不利影響。上述研究表明，即使國有銀行將信貸資本投向了戰略部門，也未必得到高效利用。

　　Bonin、Hasan 和 Wachtel[7] 對所有權結構變化對於轉型國家銀行業效率影響的經驗分析則表明，在競爭與管制的合理組合作用機制之下，銀行的管理者缺乏尋租的機會，這時銀行的所有權就不會對其經營績效產生顯著的影響。不同所有制銀行績效表現相異的原因也許是不同的經營目標，而不是效率水準的差距。即使銀行進行了部分民營化，但只要政府保持著控制權，他就依然操控著整個銀行的經營活動，並且利用其他股東之間的爭鬥，把內部控制權牢牢抓在自己的手裡。但在現實中，僅掌控了一小部分股權的境外戰略投資者對銀行績效提高不會有太多幫助的看法卻是值得懷疑的。只有當外國所有者掌握了銀

---

[1] Frydman R, Gray C, Hessel M, et al. The limits of discipline: ownership and hard budget constraints in the transition economies [J]. Economics of Transition, 2000, 8 (3): 577-601.

[2] La Porta R, Lopez-de-Silanes F, Shleifer A. Government ownership of banks [J]. The Journal of Finance, 2002, 57 (1): 265-301.

[3] Dinç I S. Politicians and banks: Political influences on government-owned banks in emerging markets [J]. Journal of Financial Economics, 2005, 77 (2): 453-479.

[4] Beck T, Levine R, Loayza N. Finance and the Sources of Growth [J]. Journal of Financial Economics, 2000, 58 (1-2): 261-300.

[5] Galindo A J, Micco A, Powell, A. Loyal Lenders or Fickle Financiers: Foreign Banks in Latin America. December 2005. IDB Working Paper No. 440.

[6] La Porta R, Lopez-de-Silanes F, Shleifer A. Government ownership of banks [J]. The Journal of Finance, 2002, 57 (1): 265-301.

[7] Bonin J P, Hasan I, Wachtel P. Bank performance, efficiency and ownership in transition countries [J]. Journal of Banking & Finance, 2005, 29 (1): 31-53.

行的控制權時，銀行的績效才能得到有效提升。因此，境外戰略投資方的介入若沒有真正分享到銀行的控制權，操控經營活動的權力仍屬於政府所有，銀行技術效率水準也很可能沒有受到太多影響。然而，他們的加入往往代表著一系列先進標準與決策流程的引入，其深厚的專業化經營管理經驗也能幫助銀行衝破現有僵化體制的束縛，優化銀行投入要素的組合，並在給定銀行政策性負擔的前提下，有效抑制銀行經理人利用信息不對稱的卸責行為。因而可以預想到，境外戰略投資者的引入，即便是在沒有改變銀行所有制性質的情況下，仍然能夠通過銀行內部制度的變革與公司治理水準的提升，促進銀行生產效率特別是配置效率的提高。中國學者周鴻衛、韓忠偉和張蓉[1]對於轉型經濟體的研究發現，政府和國有銀行的關係模式主要有三種：一種是政府既是所有者也是經營者，另一種是政府是銀行股東但不參與日常經營，第三種是政府通過第三方間接持有銀行控股權。在這三種模式中，政府對銀行的控制力逐級降低，並逐漸退化為消極的資產受益者。但是由於大政府的歷史傳統以及本身的角色定位不同，政府出於監管需要，如強制要求政策性貸款，對國有銀行的干預會降低銀行經營效率。這是欠發達國家國有銀行效率低下的一個重要原因。

3.3.2　外資參股與東道國銀行效率提高

鑒於國有銀行在經營和資源配置方面的低效率問題，20世紀80年代以來，許多新興市場國家廣泛啟動了銀行的私有化進程，引入外國投資者正是其中一種重要方式。關於外資參股對東道國銀行效率的影響，理論界至今尚未達成共識，多數學者認為外資銀行的進入對東道國銀行效率的提升是利大於弊（Demirgüç-Kunt、Lveine和Min[2]，Denizer、Dinc和Tarimcilar[3]，Levine[4]），如Clarke、Crivelli和Cull[5]以20世紀90年代阿根廷銀行為樣本的研究，發現在

---

[1] 周鴻衛，韓忠偉，張蓉. 中國商業銀行淨利差率影響因素研究——基於1999—2006年的經驗證據［J］. 金融研究，2008（4）：69-84.

[2] Demirgüç-Kunt A, Levine R, Min H G. Opening to foreign banks: issues of stability, efficiency, and growth ［J］. The Implications of Globalization of World Financial Markets, 1998（2）：83-115.

[3] Denizer C, Dinc M, Tarimcilar M. Measuring banking efficiency in the pre-and post-liberalization environment: evidence from the Turkish banking system ［M］. Washington D. C.: World Bank Publications, 2000.

[4] Levine R. The corporate governance of banks: a concise discussion of concepts and evidence ［M］. Washington D. C.: The World Bank, 2004.

[5] Clarke G R G, Crivelli J M, Cull R. The direct and indirect impact of bank privatization and foreign entry on access to credit in Argentina's provinces ［J］. Journal of Banking & Finance, 2005, 29（1）：5-29.

私有化和外國所有權增加的省份，雖然在清理私有化銀行的資產組合方面可能產生信貸的暫時減少，但通常私有化實體和其他銀行的貸款增長在幾年內將信貸恢復到私有化前的水準，且其向外部的貸款均有所增長，顯然私有化和引入外資參股這兩項措施都提高了東道國銀行部門整體效率。同時，也有不少學者認為其影響是不確定的（Hermes、Lensink[1]，Wang、Bayraktar[2]）。相關研究主要從以下三方面分析外資參股對東道國銀行業績效的影響。

3.3.2.1 外資銀行的資金注入

一般認為，外資銀行收購內資銀行對東道國銀行業可立刻產生直接的積極效應，這主要表現為：首先，外資收購或投資東道國銀行時會向被收購或被投資銀行提供新的資本。這對於普遍資本金不足的東道國內資銀行而言，外資銀行的資金注入就如同雪中送炭尤其是當前者處於危機時更是如此。其次，外資銀行進入東道國時，其品牌價值會轉移給被收購或被投資銀行，增加後者的品牌吸引力。再次，外資銀行可向東道國內資銀行提供先進的管理理念和技術。在風險管理、內部控制、零售銀行、信用卡、財富管理、員工培訓等方面，外資銀行對內資銀行提供的技術援助通常是內資銀行普遍匱乏的並且難以在短期通過其他方法獲取的。最後，外資銀行進入會改善內資銀行治理結構，提高治理水準。收購或投資內資銀行後，外資銀行通過派駐代表進入董事會和銀行管理層，直接改善內資銀行治理結構、健全內控機制。Peek 和 Rosengren[3] 認為，外資銀行進入確實給東道國帶來了新的管理技術、公司治理機制和信息技術。同時，外資銀行收購或投資新興市場銀行有助於推動東道國銀行進入國際市場。例如，外資銀行參股有助於推動內資銀行在國際證券市場上市和交易。外資銀行在引進外資方面起著重要的作用，他們不僅向東道國國家銀行業注入了優質的資產，而且為之提供了國際資本市場資源。這主要表現在：一是外資銀行在東道國國家的經營運作以及對母國客戶提供有關本地投資諮詢等服務，增強了一些外國企業到東道國國家投資的信心，間接地促進了外國資本的流入。二是外資銀行分支機構為東道國境內的企業，特別是外商投資企業提供了廣泛的金融服務，實際上直接改善了當地的投資環境，增加了新的融資渠道。

---

[1] Hermes N, Lensink R. Foreign bank presence, domestic bank performance and financial development [J]. Journal of Emerging Market Finance, 2004, 3 (2): 207-229.

[2] Wang Y, Bayraktar N. Foreign bank entry, performance of domestic banks, and sequence of financial liberalization [M]. Washington D. C.: The World Bank, 2004.

[3] Peek J, Rosengren E S. Implications of the globalization of the banking sector: the Latin American experience [C] Boston: Conference Series-Federal Reserve Bank of Boston. 2000, 44: 145-170.

3.3.2.2 改善內資銀行的公司治理結構

對於東道國國內銀行，特別是國有商業銀行來說，由單一國有產權所導致的公司治理結構缺陷是最大問題，這也正是國有銀行經營中存在的管理水準低下、不良資產比率高、缺乏競爭力等各種問題的根源，而引進外資戰略投資者將促進內資銀行公司治理結構的完善。1997年亞洲金融危機的爆發，無疑暴露了亞洲新興經濟體銀行治理結構上的嚴重缺陷。印度尼西亞、菲律賓、泰國等亞洲新興經濟體的內資銀行普遍隸屬於家族大企業財團，與大財團旗下的企業和金融公司之間存在複雜的關係網，形成了家族式的治理模式，企業融資帶有濃厚的關係色彩。這些新興經濟體的內資銀行存在內部控制乏力、會計帳務處理與審計鬆懈、董事會監管不到位、忽視小股東利益、監管制度執行不足等問題。金融危機的爆發為改善內資銀行治理水準提供了機會，危機期間政府接管了相當一部分經營不善的內資銀行，如印尼政府一度持有了80%的銀行業總資產，泰國政府也持有了30%的銀行業總資產。危機後，隨著政府向外資出售這些銀行股份，外資在新興經濟體銀行業的股權大幅增加。這些內資銀行在被外資收購後變為外資銀行的子銀行，從而迅速建立起了符合國際標準的公司治理結構，或者由外資參股引起內資銀行股權結構的變化，外資持股比例上升，家族大財團所持股份相應下降（Unite、Sullivan）[1]。這些進行跨國投資的外資銀行，大多都是在國際上具有影響的金融機構，其公司治理結構完善、管理經驗豐富、經營業績良好。外資銀行通過在參股東道國銀行向其董事會、監事會、管理層派駐專業銀行管理人才，達到監督甚至直接參與銀行的經營管理的目的，改善了內資銀行治理結構，幫助其更好地學習和累積經驗，更快提高經營績效。此外，外資銀行相對於國內銀行更具備抵禦政府行政干預的優勢，使得國內銀行不背離市場規則，維護境外投資者的權益和正當要求。綜上，在新興經濟體內外資銀行參股可以起到促使國內商業銀行完善公司治理的作用，外國投資者本身也面臨著自身股東和國內金融監管的壓力。

外資股權的介入，使得剩餘索取動力轉變為推動經營層激勵和管理技術變革的動力，同時，境外上市迫使銀行按國際慣例規範自己的行為。以利潤和股東利益為中心的經營思想逐漸成為經營者追求的目標。轉型國家傳統銀行體制對生產效率的影響更可能體現在其配置效率方面，即傳統國有商業銀行或國家實際控股的股份制商業銀行一方面存在人事、管理制度僵化，對要素價格信號

---

[1] Unite A A, Sullivan M J. The effect of foreign entry and ownership structure on the Philippine domestic banking market [J]. Journal of Banking & Finance, 2003, 27 (12): 2323-2345.

反應遲鈍，無法實現投入組合優化的問題；① 另一方面也存在銀行經理人在信息不對稱的情況下，以各級政府的政策性負擔為借口推卸自己經營不善的責任或追求在職消費的利己目標，從而導致投入要素資源配置失調等方面的問題。戰略引資能夠幫助銀行衝破現有僵化體制的束縛，優化銀行投入要素的組合，在給定銀行政策性負擔的前提下，有效抑制銀行經理人利用信息不對稱的卸責行為，令他們對市場價格信號更加敏感，並更傾向於按照效率標準配置資源，從而顯著降低銀行配置無效率水準。② 王一江和田國強③認為，國有股份、外國戰略投資者股份和非國有法人股的三方合作、監督，將形成一個穩定的三方制衡體系，有利於銀行經營水準的提高。遲國泰、孫秀峰和蘆丹④、Berger、Klapper 和 Peria 等⑤、姚樹潔、姜春霞和馮根福⑥的研究均支持商業銀行引入外資帶來的所有權結構變革對於其技術效率與經營業績起促進作用。侯曉輝、張國平⑦認為，為改善銀行公司治理機制引進的擁有少數股份的境外資深金融機構，利用其專業的經營管理經驗和在董事會中相對的政治、經濟獨立性，通過加強對銀行經理人努力程度的有效監督就能夠幫助銀行衝破現有僵化體制的束縛，優化銀行投入要素的組合，並在給定銀行政策性負擔的前提下，有效抑制銀行經理人的卸責行為，促進銀行配置效率的提高。

3.3.2.3 外資銀行的技術溢出

金融業是技術密集型的行業，所應用的技術既包括以信息技術為代表的「硬技術」，也包括先進的金融產品、金融服務方式、金融交易手段以及風險管理等「軟技術」。從當今全球範圍來看，各國境內的外資銀行大多來自發達

---

① 銀行內部因人事管理體制和各級政府的社會福利目標而產生人浮於事、冗員眾多而又缺乏有效的激勵和約束機制，以及委託人監督不力所導致的銀行經理人為了追求更多在職收入而具有固定資產投資衝動等類似的問題，都可以看作這種配置無效率的具體體現。

② 中國早在 1993 年就已經確立了銀行商業化改革目標，1995 年通過的《國有商業銀行法》明確了國有銀行的商業銀行屬性，此後中國商業銀行的金融企業屬性無論是在理論上還是實踐中都已被確立（竇洪權，2005；崔曉樂，2005）。

③ 王一江，田國強. 不良資產處理、股份制改造與外資戰略——中日韓銀行業經驗比較 [J]. 經濟研究，2004 (11): 28-36.

④ 遲國泰，孫秀峰，蘆丹. 中國商業銀行成本效率實證研究 [J]. 經濟研究，2005 (6): 104-114.

⑤ Berger A N, Klapper L F, Peria M S M, et al. Bank ownership type and banking relationships [J]. Journal of Financial Intermediation, 2008, 17 (1): 37-62.

⑥ 姚樹潔，姜春霞，馮根福. 中國銀行業的改革與效率：1995—2008 [J]. 經濟研究，2011 (8): 4-14.

⑦ 侯曉輝，張國平. 所有權、戰略引資與中國商業銀行的效率 [J]. 世界經濟，2008, 31 (5): 81-96.

國家，而發達國家的銀行有著領先的技術優勢。外資銀行進入東道國市場後，往往引入創新金融產品和服務，為東道國建立新的金融產品市場提供產品和技術支持。外資銀行的技術溢出主要由以下幾條渠道實現：一是系統內效應。由於東道國國內的競爭，外資銀行總行向東道國分行轉讓先進技術、組織與管理經驗，以及外資銀行分行為適應東道國技術而進行技術、組織和管理創新，豐富了東道國金融業的技術與組織管理知識；二是系統外直接效應，包括外資銀行對東道國銀行的直接技術轉讓，向東道國提供的技術培訓和相關交流，以及通過合資、合作等方式使東道國銀行獲得有關技術。如對非金融機構人員提供教育投資和職業培訓，主要是對有可能成為其潛在職員的在校學生及與之有業務聯繫的企業提供的贊助和培訓。同時，對東道國消費者和企業而言，外資銀行參與擴大了金融服務產品可供選擇的範圍。與東道國銀行自行獨立開發新產品和服務相比，引入外資銀行參股達到的技術創新具有時效快、可得性高和成本低的特點。雖然要完成從尋找具有某些資源和知識的參股對象到完成參股、進行資源重組的過程需要一定的時間，但是它比自行獨立開發的效率要高得多。

　　創新是促進金融發展、提高金融業效率的重要手段。金融創新，從廣義看，是指在金融產品、支付體系及提供金融服務的組織形式方面無法預見的創造和發展；從狹義看，則主要是指金融產品的創新。國外金融機構的進入，把不斷創新的金融新產品帶入東道國，尤其是把領導現代國際金融市場新潮流的，以貨幣、外匯、股票、債券、存單以及利率、匯率、股票指數等一般金融工具的期貨交易形式為內容的，以通信技術和電子計算機等高科技為手段的，以穩定投資收益、提高市場流動性、吸引眾多客戶等為特點的金融衍生工具和產品帶入，為東道國銀行業提供難得的參照體系，不僅有利於企業、消費者和銀行自身更好地在時間和空間上控制資產組合的風險，也有利於對各種金融風險的準確定價，從而提高信貸資金的配置效率。這對金融業務的擴大、金融電子化程度的提高和金融服務手段的優化將產生良好的示範效應。

第四章 外資銀行進入對東道國銀行績效宏觀影響分析

本章從宏觀層面對外資銀行進入與東道國銀行業效率進行分析，從外資銀行進入引起國內銀行的競爭程度變化出發，分析其對東道國市場結構的影響。隨著外資銀行進入程度的加深，東道國銀行體系競爭增強，存貸款利差縮小。經營壓力的增大，促進了國內銀行提高自身技術效率，增強競爭力。由於各國或地區的經濟發展水準及要素禀賦等方面的差異，外資銀行進入對銀行體系效率的影響具有不平衡性，會受到東道國的相關管制（包括市場的進入與退出壁壘、市場份額、市場集中度、市場結構變遷、規模經濟、產業組織效率等）、經濟發展水準、金融發展水準的影響。本章從外資銀行進入對東道國影響的宏觀作用機制層面為下文的實證研究奠定理論基礎。

第一節 市場結構與銀行效率

4.1.1 市場結構論

在產業組織理論的具體研究和實踐中，市場結構主要分析產業內賣者（企業）之間的關係和特徵。市場結構論強調市場結構對銀行經濟效率的影響，體現為市場對金融企業的約束和激勵，這涉及銀行經營管理中外部經濟環境的問題。

這裡所指的市場結構是指在特定產業內，市場主體（主要是企業）之間在數量、份額、規模上的關係，以及由此決定的競爭形式，其中心內容是競爭與壟斷的關係。市場結構一般有四種類型：完全競爭、壟斷競爭、寡頭壟斷和完全壟斷。

市場結構論（Market Structure Theory）依據產業組織理論，認為市場結構

決定企業行為，企業行為決定經營績效。市場集中度提高會導致市場勢力的出現，而市場勢力會導致產量控制進而導致價格控制，在控制者獲得壟斷價格的同時導致社會福利淨損失，使得社會資源的配置不能達到最優水準。因此，少數大銀行佔有的市場份額越多，市場集中率就越高，越有可能導致銀行的壟斷行為，也就意味著資源配置的低效率和社會福利的下降。與此相反，低集中率的銀行市場結構屬於大量的銀行平均分享市場份額，這種狀態將使市場更接近於完全競爭狀態。按照完全競爭理論，銀行業在這樣的結構下將產生高市場績效。

超產權理論進一步強調了市場競爭的力量，其核心觀點是「市場競爭激勵是提高企業績效的關鍵」，認為企業績效與產權歸屬變化沒有必然關係。以英國經濟學家 Martin 和 Parker[1] 為代表的超產權論學派的經驗分析表明，改變產權也不等於企業治理機制就一定會向促使企業效益提高的方面轉換，變動產權只是企業治理機制改善的一個條件，而不能保證企業績效一定會提高。超產權論認為，企業績效主要與市場競爭程度相關；市場競爭越激烈，企業提高效率的努力程度就越高。殘酷的市場競爭將最終導致低效的治理機制得到改善。因此，創造一個公平競爭環境對於治理機制改善和提高企業績效才是最重要的。

4.1.2 市場結構與銀行效率

關於銀行市場結構與效率之間的關係，已有研究的主要觀點是市場結構以及市場競爭決定銀行績效的市場結構論。市場結構論認為，一方面，提高銀行績效的關鍵是在銀行業中引入充分的競爭機制，從而有效地改革銀行業的市場結構。為此，應降低銀行業市場的准入條件，引入新的競爭主體，大力發展中小金融機構，通過塑造一種新的競爭機制，促進銀行體系整體競爭力水準的提高，滿足多元微觀主體多層次、多樣化的金融需求。市場結構論主張充分的市場競爭能有效提高銀行經營績效，否定銀行產權結構對銀行效率有顯著影響。

市場結構對銀行績效的影響即指通過外資銀行進入導致的競爭效應促使本土銀行提升自身素質和服務質量，進而實現整個銀行業效率的提升（黃雋，

---

[1] Martin S, Parker D. The impact of privatisation: ownership and corporate performance in the United Kingdom [M]. London: Routledge, 1997.

2007[①];徐忠、沈豔和王小康等,2009[②])。國內外已有大量的實證研究成果從外資銀行和本國銀行的財務指標對比分析,證明了外資銀行進入導致競爭程度的上升會對本國銀行的成本和利潤產生影響,進而影響本國銀行業的效率。如 Cho[③] 採用印度尼西亞 1974—1983 年 11 家外資銀行的數據對外資銀行進入後對國內銀行市場集中度的影響進行研究,發現政府政策的過分保護會造成金融市場的低效率,而外資銀行的進入能夠一定程度上降低銀行市場的集中度,銀行業市場的競爭明顯加強,迫使本國銀行改進自身經營,提高效率。Uiboupin[④] 以中東歐經濟轉軌國家 1995—2001 年的 319 家銀行數據作為樣本,研究後發現:外資銀行進入顯著增加了這些國家銀行業的競爭性,國內銀行稅前利潤、非利息收益、平均貸款利率和貸款損失準備都明顯下降,但是經營成本上升,儘管統計不顯著。McFadden 考察了澳大利亞的情況,同樣發現外資銀行通過引入競爭機制和帶來先進技術促進了澳大利亞國內銀行經營狀況的改善。Demirgüç-Kunt、Lveine 和 Min[⑤] 對韓國銀行數據的研究發現,取消對外資銀行的管制起到了改進韓國國內銀行體系效率的效果,當外資銀行的進入壁壘消除之後,韓國銀行貸款組合的質量相應地得到了改善,國內銀行業的生產力得到了提高。此外,Engerer 和 Schrooten[⑥] 對外資銀行參與東歐國家的研究發現,伴隨外資銀行參與程度的上升,東道國銀行體系不良貸款率呈下降態勢,而且還改善了東道國的融資環境。Hasan 和 Marton[⑦] 的研究表明,1993—1998 年外資銀行的進入使得匈牙利銀行部門的整體效率得以提高。

市場結構對效率的影響體現為母國相應的市場結構對東道國的「傳染」

---

① 黃雋. 銀行競爭與銀行數量關係研究——基於韓國、中國和臺灣的數據 [J]. 金融研究,2007 (7): 78-93.

② 徐忠,沈豔,王小康,等. 市場結構與中國銀行業績效:假說與檢驗 [J]. 經濟研究,2009 (10): 75-86.

③ Cho K R. Foreign banking presence and banking market concentration: the case of Indonesia [J]. The Journal of Development Studies, 1990, 27 (1): 98-110.

④ Uiboupin J. Short-term effects of foreign bank entry on bank performance in selected CEE countries [M]. [S. l.]: Eesti Pank, 2005.

⑤ Demirgüç-Kunt A, Levine R, Min H G. Opening to foreign banks: Issues of stability, efficiency, and growth [J]. The Implications of Globalization of World Financial Markets, 1998 (2): 83-115.

⑥ Engerer H, Schrooten M. Do foreign banks improve financial performance? evidence from EU accession countries [R]. Berlin: DIW Berlin, 2004.

⑦ Hasan I, Marton K. Development and efficiency of the banking sector in a transitional economy: Hungarian experience [J]. Journal of Banking & Finance, 2003, 27 (12): 2249-2271.

和「擴散」。如 Caves[1] 認為，投資國的寡頭市場結構有向東道國傳導的趨勢，換言之，高度集中的市場中寡頭間的相互依賴格局隨著寡頭跟隨同行業其他寡頭對外直接投資的發展，逐漸地跨越了國界，將寡頭市場結構擴散到了東道國。Knickerbocker[2] 分析了寡占市場中企業的行為，結果發現一些寡占行業的跨國公司往往在很短時期內同時對某些海外市場展開投資，並且在東道國迅速地建立起了與國內市場相似的寡占市場結構，以保證這些寡頭企業在該市場取得高額壟斷利潤。Frischtak、Newfarmer 和 Dunning[3] 的研究也表明，在開放條件下，東道國的市場結構不再單純由東道國自己決定，而是一定程度上取決於國際市場的競爭格局，進而對國內銀行績效的影響也隨之發生變化。事實上，外資銀行作為外商直接投資的載體之一，對東道國銀行業市場結構必然帶有傳導效應。

國內學術界支持這一理論的研究成果比較豐富，例如於良春和鞠源[4]等運用哈佛學派的 SCP（Structure-Conduct-Performance，即結構—行為—績效）分析範式對中國銀行業的行業結構進行了統計分析，認為中國銀行業存在高度集中和國有銀行壟斷造成低效率的問題，因而放鬆行業進入管制是解決問題的條件，中國金融改革的目標應是建立以中小銀行為核心的銀行體系。趙懷勇和王越[5]通過對資產收益率及市場集中度等相關經濟變量進行比較，發現中國四大國有商業銀行淨資產收益率低下的主要原因是國民經濟總體效益低下。同時，國家對這一行業的嚴格管制又使銀行的經營環境惡化，進而導致銀行效益進一步降低。易綱和趙先信[6]通過研究國際銀行業的行業集中趨勢，提出銀行規模與其效率並不呈現正相關關係，發現中國銀行業的行業結構存在問題，建議盡快放鬆銀行業准入限制。類似的，林毅夫和李永軍[7]也認為中國銀行業存在行

---

[1] Caves R E. Multinational firms, competition, and productivity in host-country markets [J]. Economica, 1974, 41 (162): 176-193.

[2] Knickerbocker F T. Market structure and market power consequences of foreign direct investment by multinational companies [M]. Washington D. C.: Center for Multinational Studies, 1976.

[3] Frischtak C, Newfarmer R S, Dunning J H. Market structure and industrial performance [M]. [S. l.]: Taylor & Francis, 1994.

[4] 於良春，鞠源. 壟斷與競爭：中國銀行業的改革和發展 [J]. 經濟研究，1999 (8): 48-57.

[5] 趙懷勇，王越. 論銀行規模經濟 [J]. 國際金融研究，1999 (4): 27-31.

[6] 易綱，趙先信. 中國的銀行競爭：機構擴張、工具創新與產權改革 [J]. 經濟研究，2001 (8): 25-32.

[7] 林毅夫，李永軍. 中小金融機構發展與中小企業融資 [J]. 經濟研究，2001 (1): 10-18.

業結構問題，缺乏競爭而效率低下。他們指出中國經濟的發展要依靠中小企業推動，而中小企業的發展則依賴於中小銀行的發展。但由於中國銀行業的金融資產過度集中於大銀行，使中小銀行獲得金融資源相對偏少，不利於中小企業的融資。他們也建議放鬆行業准入。基於以上分析，市場結構論認為，一方面，提高商業銀行績效的關鍵是在銀行業中引入充分的競爭機制，從而有效地改革銀行業的市場結構。為此，應降低銀行業市場的准入條件，引入新的競爭主體，大力發展中小金融機構，通過塑造一種新的競爭機制，促進銀行體系整體競爭力水準的提高，滿足多元微觀主體多層次、多樣化的金融需求。超產權論在某種程度上是產權理論和市場結構理論調和的產物，其政策建議是必須在推進產權制度改革的同時，積極地培育一個能夠迫使國有商業銀行自覺自願實施改革和創新的市場競爭環境。而為了培育這種市場競爭環境，必須打破國有商業銀行的壟斷局面。中國學者黃冰格和阮迪利[1]認為在市場經濟中存在有效率的國有商業銀行制度的前提是競爭市場的存在。由此可見要增加國有商業銀行的經營績效，提高其市場效率，必須引入競爭打破國有銀行對中國銀行業的壟斷，取消保護政策。政府則必須從微觀金融市場中退出。超產權論的落腳點是優化公司治理結構，真正發揮治理制衡，最終達到提高經營績效的目的。

　　如果各銀行能夠將各自產品在未來的潛在顧客的腦海裡確定一個合理的位置，能夠根據自身和競爭者在市場所處的位置比較，確立自己所服務的特定市場，那麼即使市場集中度高，大銀行與小銀行之間也並不會惡性競爭，最終競爭的結果不是只剩下大銀行，而是大銀行與小銀行共存。小銀行因其靈活性等優勢會對大銀行產生潛在威脅。來自現實的和潛在的競爭壓力，包括那些暫時處於壟斷地位的銀行，不得不追求新的效率優勢和競爭優勢，以形成更牢固的市場支配地位。可見，大銀行追求技術效率與控制市場價格的動機是存在的。這兩種動機或行為不總是相互衝突，而是同時存在的。大銀行即使處於壟斷地位，並不意味著就失去了追求技術效率的動機。技術效率的追求在一定條件下也能夠提升銀行的利潤率。大銀行追求技術效率與控制市場價格的動機並不對等，這兩類動機與銀行所處的外部市場競爭環境和自身對未來發展前景的預期有關。當市場環境相對平穩，銀行間競爭程度不強，而銀行經營者對未來的發展前景存在樂觀的預期時，銀行更傾向於追求或強化既有的市場壟斷地位，通過超額利潤提升利潤率。反之，當市場環境不穩定，來自其他銀行的競爭或潛

---

[1] 黃冰格，阮迪利. 超產權論對中國國有商業銀行改革的啟示 [J]. 現代管理科學，2003(12)：100-101.

在競爭較強，而經營者對自身經營前景不太樂觀時，就可能更注重追求技術效率。

換一個角度分析，銀行業的適度壟斷可能為創新提供了便利條件，創新可以帶來效率的提高，創新的外部性也使得其他銀行受益。銀行業屬於資金技術密集型產業，先進的技術和設備可加速資金清算、降低信息成本、提高市場佔有率，通過引進新產品和新的生產方法參與競爭，長期來說比價格競爭重要得多。根據熊彼特的創新理論，大銀行是創新的主要力量，他們有強大的進行創新的資本實力，可以率先進行創新，採用先進、高效、自動化程度高的技術設備。對壟斷利潤的追求，使得他們具有對新技術進行投資、將創新運用實踐並轉化為產業競爭優勢的動力，以及在技術研究與發展中實現規模經濟效益的動力。比較而言，小銀行創新的單位成本較高，在將創新轉化為「生產力」的過程中可能會面臨一定的風險。可見，大銀行規模的擴大，市場壟斷勢力的形成對銀行業整體業務水準的創新是有益的。

而且，對於銀行業來說，過度競爭反而會導致較大的風險。理論上銀行部門的競爭會刺激銀行家過度冒險，這種情況在銀行業監督管理體系不健全或者由於存在存款保險弱化了存款者對銀行的監督時尤為突出。實際情況也是如此，20世紀80年代放鬆管制後，美國銀行業的效率相對沒有變化，生產率反而降低了，主要原因是放鬆管制導致各銀行爭先恐後對消費儲蓄支付較高利率，但並沒有相應減少銀行服務或者採取措施衝銷儲蓄費用的增加。西班牙有與美國相似的經歷和結果（Berger 和 Humphrey，1997）[1]。可見，市場結構與銀行績效的關係相當複雜。

第二節　外資銀行進入、東道國銀行市場結構與效率

4.2.1　提高金融服務水準

由於其先進的管理理念、技術、品牌等優勢，外資銀行的進入加劇了東道國銀行市場的競爭，促使內資銀行為保護其市場份額，積極模仿與學習外資銀行的經營管理行為，有利於推廣外資銀行所引入的最佳經營行為。因此，外資銀行進入推動了東道國銀行經營效率的提高，且由於競爭效應東道國金融體系

---

[1] Berger A N, Humphrey D B. Efficiency of financial institutions: international survey and directions for future research [J]. European Journal of Operational Research, 1997, 98 (2): 175-212.

效率和價格形成機制得到改善。20世紀90年代以前，亞洲新興市場國家銀行業長期受政府的高度保護，形成了寡頭競爭的銀行結構，缺乏市場競爭，銀行產品和服務種類較少、服務水準較低。90年代後，外資銀行參與的程度不斷上升，他們憑藉先進技術、管理技能、營銷策略、品牌等優勢向東道國市場引入創新金融產品和服務，與內資銀行爭奪客戶資源，逐漸占據近1/4的市場份額。這為內資銀行提供了一個參照系和競爭對象，迫使內資銀行進行改革，模仿和學習外資銀行的服務模式、組織形式、產品研發方式、營銷理念、風險管理技術等先進管理方式和技能，提高金融服務水準，向市場提供更多的金融產品和服務。與過去相比，銀行客戶可以享受到更高質量、更便捷的金融產品和服務。

  外資銀行作為一國金融體制的組成部分，對銀行體制的發展與完善非常重要。外資銀行進入一國金融業，可以打破國內金融機構對金融業務的壟斷，有利於強化金融業的競爭，從而提高金融機構的總體運行效率，降低服務價格，使客戶從中受益。外資銀行往往都是國際上知名的大型金融機構，這些銀行經濟實力雄厚，技術水準高，經營管理經驗豐富。外資銀行在國內開展業務活動，可以把各種經營管理技術和經驗傳入本國的金融機構，從而提高本國金融機構的技術水準和經營管理水準，有利於金融業的長期發展。從這個角度來看外資銀行的存在通常與東道國銀行體系業績提高、金融紀律增強和制度框架改善有緊密聯繫。Barth、Caprio和Levine[1]的實證研究發現外資銀行參與能提高東道國資本配置效率：一方面外資銀行進入可以促進內資銀行治理和風險管理的水準提高，減少市場的道德風險和關係貸款行為，降低不良貸款率，從而降低金融部門內的交易成本；另一方面，外資銀行通常採用國際通行的信貸標準和以風險衡量為基礎的定價體系來發放貸款，提高了信貸質量。所以對東道國而言更低的外資銀行進入限制與更高的銀行效率相聯繫。Clarke、Cull和Sánchez[2]研究了外資銀行參與發展中國家的情況，其結論表明外資銀行的參與加劇了東道國銀行業競爭，降低了平均利率水準，從而改善了東道國的融資狀況（融資條件和數量）。儘管這似乎對大公司更有利，但所有企業無論規模大小均能從中受益。外資銀行通常更有動力和專業技術優勢來發展東道國金融

---

[1] Barth J R, Caprio G, Levine R. Banking systems around the globe: do regulation and ownership affect performance and stability? [J]. Social Science Electronic Publishing, 2001 (2325): 1-63 (63).

[2] Clarke G, Cull R, Sánchez S M. Foreign bank entry: experience, implications for developing economies, and agenda for further research [J]. World Bank Research Observer, 2003, 18 (1): 25-59.

市場的細分市場（比如衍生金融產品市場），推進了東道國金融市場的完善。在一個開放、競爭的金融市場中，消費者可以以更具競爭力的價格、更多的選擇機會來挑選更高質量的金融服務。因而，外資銀行參與新興市場提高了東道國的福利水準。

4.2.2　外資銀行效率優勢

在發達國家，本土銀行比外資銀行表現出了效率優勢（Berger、DeYoung、Genay 等，1999）[①]。但在新興市場國家，外資銀行表現出了比本土銀行更高的效率。在新興市場國家，外資銀行表現出比本土銀行更高的效率源於多方面的原因：外資銀行的母行提供了一個全球化的技術平臺，外資銀行可以比較容易地進入這一技術平臺，並且進入這一技術平臺的相對成本較低，對應的技術投資的回報也較高。外資銀行可以吸取所處國際化集團多國運行經驗，在集團內部以此為運行標準的基礎上，可以有效地提高自身的運行和管理水準。外資銀行進入大型集團可以產生範圍經濟和規模經濟。母行（總部）進行一體化的風險管理、業務實踐（特別是借貸業務）指導和產品的開發、創新和提高，有力地推動了外資銀行的自身運行效率和水準。全球化的產權市場對業務成功度的估值增加了按照期望收益進行業務調整的激勵。Demirgüç–Kunt 和 Huizinga[②] 考察了 1988—1995 年 80 個國家的銀行數據，比較了內外資銀行利差和盈利能力的差異，發現在發展中國家，外資銀行的利潤率和利潤都高於本國銀行，這種效率上的差異導致了新興市場國家的國內銀行在與外資銀行競爭中面臨的嚴峻形勢。林毅夫和孫希芳[③]在對世界各國的銀行業結構進行了較為全面比較研究的基礎上將影響銀行業結構的因素分為法律傳統、金融管制、市場規模、發展階段和發展戰略五個方面，特別是其中的經濟發展階段和政府採取的發展戰略起著重要作用，選擇正確的銀行業結構對於銀行績效提升和經濟發展均至關重要。

4.2.3　競爭作用渠道

新興市場國家在外資銀行大規模進入前，普遍存在著競爭不充分的問題。

[①]　Berger A N, DeYoung R, Genay H, et al. Globalization of financial institutions: evidence from cross–border banking performance [J]. Brookings–Wharton papers on financial services, 2000 (1): 23–120.

[②]　Demirgüç-Kunt A, Huizinga H. Determinants of commercial bank interest margins and profitability: some international evidence [J]. The World Bank Economic Review, 1999, 13 (2): 379–408.

[③]　林毅夫，孫希芳. 銀行業結構與經濟增長 [J]. 經濟研究, 2008 (9): 31–45.

這主要是因為：新興市場國家在歷史上都存在著比較嚴格的銀行業准入限制，從制度上限制了銀行業經營者的數量；銀行業作為一個特殊行業需要有較為充足的資本金，但新興市場國家中普遍缺乏資本，從而在資本實力上導致了銀行數量的不足；新興市場國家中普遍存在的公司治理機制不夠健全，影響了銀行的經營者對於利潤和業績的敏感性，從而也影響了已有銀行的競爭能力。

外資銀行進入後，通過以下幾個方面促進了銀行業的競爭：一是通過購並途徑進入的外資銀行壯大了原被接管銀行的實力，提高了原有銀行的市場參與能力和競爭能力；二是以綠地投資（Green Investment）方式新建的外資銀行增加了銀行的數量，也促進了銀行業的競爭；三是外資銀行的進入普遍改善了銀行業的公司治理水準，提高了銀行業的利潤和業績敏感性以及對於市場信號的敏感性，從而提高了銀行的競爭力；四是准入放開後，外資銀行進入的可能性與潛在性作為一種可置信威脅也提高了新興市場國家東道國的銀行業的競爭水準。

經濟學中的競爭，是指在市場上某類產品或服務的提供者，通過他們在產品或服務的質量以及價格上的優勢，去獲得市場份額和自身的生存空間。競爭對於生產者及產業的發展具有極其重要的意義，通過市場均衡可以實現生產者的利潤最大化、消費者的效用最大化、社會福利的最大化，從而達到資源配置的帕累托最優。競爭能夠實現資源配置帕累托最優的原因一方面在於自由競爭的參與者為了能夠在競爭中獲勝而不斷地改進技術，提高生產效率，降低銷售價格，不斷地加大對經濟發展和社會進步的貢獻；另一方面，競爭使銷售者按照邊際成本出價，購買者按照邊際收益付款，從而達到社會福利最大化。經濟資源不斷地配置到能夠最有效率地組織生產和服務的企業或邊際效用最大的消費者。如果市場中的競爭不充分，就有可能使一部分參與者獲得超額利益，從而不能實現資源配置的最優狀態。

但是，由於銀行業的產業特殊性，競爭對於銀行業的意義和作用又有別於其他產業：銀行的跨時資源配置的效果需要待資金到達償還期才能準確評價，而這一期限要比其他產業長，有時長達一年，有時甚至達數年，因此競爭的績效並不能及時地顯現、及時地反饋以調節下一期的經營活動；經濟發展具有週期性，銀行進行跨時資源配置，相應地要求其在經濟繁榮時期獲得一定的利潤以補貼在經濟蕭條時期的損失，這就要求銀行不能按照邊際價格、零利潤組織生產活動。在經濟繁榮時期，銀行的利潤有下降的餘地，但是這種利潤的下降會影響銀行在蕭條時期對於經濟的貢獻，從而有可能使社會福利水準下降。由於銀行是以吸收存款等作為業務內容的，即使銀行是虧損的，如果淨現金流入

大於虧損額，銀行的經營活動也會維持下去，而不會進入破產清算。另外，銀行的破產清算有比較大的外部性。

由於上述原因，銀行業競爭的加劇會促使銀行業提高經營服務管理水準、改善服務、增加產品、降低價格；但同時，銀行的過度競爭，或競爭時機不當，也會對社會經濟產生較多的不良影響（李偉和韓立岩，2008[①]；毛澤盛、吳潔和劉敏樓，2010[②]）。在新興市場國家中，外資銀行進入在銀行業市場加劇了銀行之間的競爭。這些競爭的運行和作用過程表現為：本土銀行與外資銀行為了搶奪客戶、占領市場，不斷地改善經營管理，採用新技術，開發新產品，降低存貸利差和金融服務價格，使銀行業的微觀效率有了顯著的提高。具有競爭優勢的一方獲得更多的市場份額，處於競爭劣勢的一方不斷地丟失客戶，直至退出市場。外資銀行的出現可以導致本土銀行更高的費用。例如，本土銀行需要花更多費用去提供新的服務，提高已經存在的服務和運行的質量，使用新的管理技巧，提高團隊的協作和運行水準。長期來看，投資費用集中於開展新的服務、提高現存業務的質量、提高管理水準，經營團隊應當可以減少本土銀行的總體費用。在競爭過程中，銀行業的利潤水準下降，各參與者重新分配市場和進行分工。

競爭在新興市場國家產生的影響是多樣而複雜的。競爭可能會使一部分銀行退出市場，由於退出的狀況不同產生的相應影響也可能不同。在銀行體系的監管規制以及安全網比較完善的狀況下，部分銀行的退出不會對社會經濟產生大的震盪，但是如果銀行的監管規制不健全，沒有很好的金融安全網，銀行的破產退出會對經濟產生比較大的負面影響。如果進入前本土銀行業的外資銀行素質比較高，那麼外資銀行進入後本土銀行會與外資銀行展開比較均勢的競爭，這種競爭會有力地促進銀行業的發展。在競爭的過程中，一部分銀行的退出運行，不會對銀行業的整體功能產生大的影響。如果外資銀行進入前本土銀行比較脆弱，那麼他們在與外資銀行的競爭過程中會大面積地失敗，並引發比較大面積的債務問題，帶來比較大的負面影響。如果外資銀行由於自身的素質問題以及對東道國的環境不適應而經營失敗，退出運行，就會對東道國吸引外部資本進入產生不好的外部性。

在競爭的過程中，如果本土銀行退出的數量較多，會形成外資銀行對於本

[①] 李偉，韓立岩. 外資銀行進入對中國銀行業市場競爭度的影響：基於 Panzar-Rosse 模型的實證研究 [J]. 金融研究，2008（5）：87-98.

[②] 毛澤盛，吳潔，劉敏樓. 外資銀行對中國信貸供給影響的實證研究 [J]. 金融研究，2010（1）：106-116.

土銀行的替代。如此，外資銀行與本土銀行在信貸管理及其他業務運行方面的一些差別就會比較明顯地顯現出來。外資銀行在信貸決策過程中會注重對財務報表數據等「硬信息」的使用，而本土銀行偏重於一些諸如企業特徵、可信度等「軟信息」的使用。當外資銀行替代了部分本土銀行之後，信貸評價中「硬信息」的需求增加，「軟信息」的需求減少，相應帶來的結果是：能夠提供更多更好「硬信息」的借款者信貸可得性增加，主要依靠「軟信息」的借款者的信貸可得性減少。另外，如果東道國「硬信息」體系即會計、報告、披露方面比較健全和完善，那麼外資銀行本身的運行狀況就會比較良好，並且對東道國的經濟運行也會起到比較好的正面作用。反之，外資銀行就不能正常運行，並且對經濟也可能會產生一些負面影響，如將資金貸給比較差的項目等。外資銀行與本土銀行在競爭的過程中形成各自的優勢領域，會導致市場份額的重新安排分配。這種重新分配取決於本土銀行與外資銀行之間各自的業務發展優勢。如果外資銀行與本土銀行在業務戰略與業務技能上有較大的互補性，那也會有助於形成一個較好的銀行業分工格局。如果競爭的強度過高，且監管與規制不足，會引發競爭各方為了爭奪市場份額，過多地進行信貸投放，或者將貸款投放到不恰當的項目。

外資銀行通過競爭產生影響的狀況主要取決於東道國對銀行業的規制和監管程度。如果東道國的銀行業監管和規制比較充分合理，就可以避免銀行業的過度競爭，增強競爭的正面效應，還可以防止惡意競爭行為的出現，並能夠將不合格的銀行業主體及時清理出運行體系，減少外資銀行進入加劇競爭後退出運行銀行的數量和規模。如果本土銀行業的競爭力水準較高，那麼外資銀行進入後加劇競爭所產生的負面影響就小，一般不會引發大面積的本土銀行潰敗以及其他經濟社會問題。外資銀行的運行有特定的運行環境要求，如對財務會計信息等「硬信息」可得性要求較高，對相關的法律背景要求較高，等等。如果這些條件被滿足，外資銀行能夠很好地開展業務運行，而不至於在業務運行和競爭中失敗退出。以本土銀行對於外資銀行進入的反應為基礎，可以定性分析外資銀行進入的好處。如，Abut、Bigio和Siller[1]通過對拉美四個國家阿根廷、巴西、墨西哥、秘魯的本土銀行在外資銀行進入後的反應，定性研究外資銀行進入對於本土銀行效率的推動。

本土銀行在與外資銀行之間展開競爭時，必須克服的一些不利因素包括：

---

[1] Abut D, Bigio S, Siller D A. The independent local bank in latin America [J]. Goldman Sachs, 1999 (11).

有限的資本來源、在組織資金和投資組合上缺乏足夠的地理上的分散、缺乏在多種金融市場上操作的經驗、開發新金融產品上的滯後和較高的費用、對昂貴的信息技術及其他技術的費用負擔能力有限等。他們在研究中發現，這些新興市場國家的本土銀行通過拓展國際化的資金來源、借助國際諮詢機構評價和開發新的金融產品、與本地其他銀行聯合來謀取規模經濟等，來克服他們自身的不足。此外新興市場國家中的本土銀行還通過積極主動地建立高效穩定的管理團隊來應對外資銀行的競爭，而不是被動地做出反應。與此同時，這些國家的本土銀行還可以充分地利用自身的優勢，如：對本地市場已經佔有的份額、對本地市場更多的理解以及對本地市場突發事件更好的應對能力等。

從競爭和效率角度來說，一些研究強調了外資銀行進入對提高競爭程度和完善競爭功能的顯著作用，特別是通過對市場可競爭程度的影響，對提高東道國銀行體系的效率發揮積極作用（Hawkins 和 Mihaljek[①]）。目前已有多項案例研究分析了外資銀行競爭對銀行體系效率的影響問題，其中具有代表性的是 Claessens、Demirgüç-Kunt 和 Huizinga[②] 對發達國家和發展中國家綜合樣本的研究。他們通過對 80 個國家 1988—1995 年的數據研究發現：外資銀行在發展中國家具有更高的利息收入、利潤和稅收支付，而在發達國家則相反。這表明外資銀行的進入確實給發展中國家的銀行業帶來了更大的競爭壓力。總體而言，外資銀行的進入顯著提高了東道國銀行的盈利能力，降低了經營成本，說明外資銀行進入對提高銀行體系的效率具有顯著影響。該項研究還特別指出，這種效率改進與外資銀行進入的數量顯著相關，而與其所佔據的市場份額無關。該結論支持了外資銀行進入通過增強競爭性提高銀行體系效率的觀點。就中東歐國家而言，在銀行產權改革之前，中東歐國家銀行業市場結構基本上是完全壟斷市場。隨著二級銀行體系的建立，原有單一銀行體制下的獨家壟斷打破了，銀行業務範圍管制逐步放開。儘管如此，中東歐銀行業在經營管理、業務範圍、市場信息、技術服務等方面還比較落後，各銀行業間的競爭還十分有限。隨著外資銀行，尤其是國外戰略投資者大量進入中東歐市場，這些國際跨國銀行把自身擁有的充足的資金實力、先進的管理經驗、高水準的服務效率和卓越的商業信譽也引入了中東歐金融市場，這對中東歐國內銀行產生強大的競爭壓力，刺激中東歐銀行業改革的深化，加速中東歐銀行業向商業化轉軌，提高整

---

① Hawkins J, Mihaljek D. The banking industry in the emerging market economies: competition, consolidation and systemic stability: an overview [J]. BIS papers, 2001 (4): 1-44.

② Claessens S, Demirgüç-Kunt A, Huizinga H. How does foreign entry affect domestic banking markets? [J]. Journal of Banking & Finance, 2001, 25 (5): 891-911.

個銀行業的效率。葉欣[①]運用1995—2004年中國銀行業數據進行研究，發現在中國外資銀行進入程度與國內銀行利息邊際和利潤水準正相關，中國銀行市場競爭程度與外資銀行進入程度的交互項與中資銀行的稅前利潤呈現顯著負相關。上述結果說明隨著外資銀行的進入，中國銀行業的競爭條件得到改善，這將通過外部競爭的加劇，實現銀行體系效率的提升。

在產品市場壟斷競爭環境下，具有市場勢力的大銀行將更多地考慮價格和服務質量方面的效率差異，在短期內保持產出水準的相對固定。這種現象，既可能是由監管的壓力導致的，也可能是由銀行自身的資產負債比例管理導致的。銀行應對監管的壓力表現為為了滿足最低資本充足率要求，對高風險的資產（如貸款）和低風險資產（如證券資產）的持有比例進行權衡。銀行自身的資產負債比例管理是指銀行資產與負債期限結構的匹配，該比例主要受銀行客戶群的制約。一般來說，在其他條件不變的情況下，銀行客戶群在短期內是相對固定的。追求效益最大化的銀行在制定價格政策時，將價格水準設定在產出與服務質量的均衡點上。銀行在選擇最優化的服務質量時，首先考慮的是所提升的服務質量在市場上沒有其他競爭者或潛在的競爭者；其次是服務質量提升所產生的收益要超過其對應的成本，也可能是維持現有服務質量，但必須降低相應的成本。服務質量的提升可能會產生規模經濟和範圍經濟。與壟斷競爭不同，完全競爭下的銀行是價格的接受者，銀行只能通過改變產出或調整產出組合來提升效率。銀行服務的收益是市場價格和所提供服務數量的結果，銀行只能依靠增加服務的數量來增加收益。當然，銀行也可以通過節約成本增加其比較收益。總之，產品市場的競爭，不管是壟斷競爭，還是完全競爭，其競爭的結果在一定程度上顯示了商業銀行的經營業績。

第三節　特定市場環境影響因素分析

外資銀行進入對東道國銀行績效的影響還受到東道國特定市場環境的影響。本部分從東道國經濟發展水準、金融發展水準和金融自由化程度等方面的進行分析。概括地說，影響外資銀行進入對東道國內資銀行效率提高發揮作用的經濟因素主要有以下幾個方面：

---

① 葉欣. 外資銀行進入對中國銀行業效率影響的實證研究［J］. 財經問題研究，2006（2）：61-66.

4.3.1　東道國經濟發展水準

新興市場銀行業私有化主要發生在 20 世紀 80 年代，從有統計數字的 90 年代的私有化過程來看，在私有化的最初幾年中，私有銀行的效率都要高於國有銀行，並且差距有不斷擴大的趨勢。錢水土（2007）運用 DEA 方法研究發現，1997 年金融危機發生之前，東南亞欠發達經濟體中銀行業私有化帶來的效率改善比較明顯，私有銀行的平均效率均高於同時期的國有銀行；1997 年發生在東南亞的金融危機使得國有銀行和私有銀行的效率都顯著下降。在危機恢復以後的銀行業效率變化中，我們發現，新興市場經濟體的國有銀行的效率甚至超過了非國有銀行，而欠發達經濟體的私有銀行效率還是好於國有銀行。在經濟發展水準較低的時候，銀行的私有化有助於改善銀行業的微觀效率。原因就在於私有化改善了銀行的治理結構，強化了銀行的經濟人角色，這一點是符合傳統的產權論者的觀點的。然而，隨著經濟的發展、市場競爭的日益激烈、市場深度和廣度的日益擴展，單純的私有化已經不能有效地改善銀行的效率。在公共產權的銀行，可能由於面對了激烈的市場競爭，產權對效率的改進作用變得弱化；相反，市場在銀行效率的改進方面的作用得到強化。欠發達經濟體銀行業的效率在 2001 年後變得比較特殊：私有銀行和國有銀行的效率差距在縮小，私有化的改善效應在明顯弱化。顯然隨著經濟的發展、市場效率的提高，不同的產權安排的效率差異逐漸縮小。這一點也可以在新興市場經濟體私有銀行和公共產權銀行效率的相似性中可以得到佐證。

在 Claessens、Demirgüç-Kunt 和 Huizinga[1] 等的研究中，隱含了外資銀行都有先進技術的假設，他們的進入肯定會對國內銀行帶來積極影響。然而，一個來自欠發達國家（Least-developed Country，LDC）的外資銀行很可能不會有比發達國家的國內銀行還要先進的技術。Deyoung 和 Nolle[2] 就發現在美國的外資銀行的利潤率比他們的美國同行要低。許多對外資銀行進入發達國家的研究也發現，來自其他發達國家的外資銀行的效率比美國國內的銀行要低。而對外資銀行進入發展中國家的研究則出現了相反的結果。外資所屬的國家與東道國的相對經濟發展階段確實對外資銀行進入效應有影響。受此啟發，我們把樣本國家分為富國和窮國，考察外資股權進入對一國銀行業績的影響是否與母國和東

---

[1] Claessens S, Demirgüç-Kunt A, Huizinga H. How does foreign entry affect domestic banking markets? [J]. Journal of Banking & Finance, 2001, 25 (5): 891-911.

[2] Deyoung R, Nolle D E. Foreign-owned banks in the United States: earning market share or buying It? [J]. Journal of Money Credit & Banking, 1996, 28 (4): 622-636.

道國的發展水準對比有關。我們假設，與來自落後國家的同行相比，來自發達國家的外資股權更有利，因為它能帶來現代的經營管理技術等。實際上，這個假設即使不完全客觀，也不會距離事實太遠。基於此，我們假定只有來自發達國家的外資股權對欠發達國家的國內銀行有利，而來自欠發達國家的外資股權不會對發達國家的國內銀行有幫助。

20世紀80年代以前關於外資銀行進入對東道國的影響研究集中於東道國是發達國家。而進入90年代後，由於部分發展中國家和新興市場國家及轉型國家經濟快速發展，發達國家的外資銀行開始紛紛進入這些國家，而東道國不同的經濟類型（經濟發展水準），從理論上而言應當對外資銀行進入產生作用，於是對於該方面的研究逐漸展開。Beck、Demirgüç-Kunt和Levine[1]將樣本國家按人均收入分類後考察了東道國原有的銀行業市場集中度（最大的三家銀行資產總量與銀行體系總資產之比），發現結果是低收入國家銀行業市場集中度高達近95%，而中高和高收入國家的銀行業市場集中度約70%。再考察外資銀行進入後的銀行業市場集中度，發現在中低和低收入國家外資銀行進入後資產的份額分別高達22%和35%，而在中高和高收入國家外資銀行僅獲得7%不到的份額。可見對於發達國家來說，因其銀行體系相對成熟，外資銀行進入對原有市場格局的衝擊相對較小，而對於發展中國家來說，外資銀行進入對原來壟斷程度較高的銀行體系形成了強烈的衝擊。

Lensink和Hermes[2]注意到外資銀行在不同發達程度的國家所產生的不同作用和影響，他們選取1990—1995年48個國家的銀行數據進行研究，發現經濟發展水準在外資銀行進入對東道國銀行產生影響時發揮了重要作用。在經濟發展水準較低的國家，外資銀行進入使得國內銀行經營成本上升，從而使國內銀行的效率降低，而國內銀行將一部分損失轉嫁給了客戶，所以導致國內利差上升，同時國內銀行利潤率變化不顯著；而在經濟發展水準較高的國家，外資銀行進入程度高降低了國內銀行的經營成本，從而使銀行的效率提高。研究認為外資銀行的進入並沒有促進內資銀行效率的提高，這種現象產生的原因可能是隨著外資銀行進入程度的逐步提高，發展水準低的國家的銀行面臨著前所未有的生存壓力，迫切需要通過增加投資支出來增強自身的實力，所以在市場相對分割的情況下，他們就有可能通過加大利差來滿足這種需要。可以看出外資

---

[1] Beck T, Demirgüç-Kunt A, Levine R. A new database on financial development and structure [M]. Washington D. C.: The World Bank, 1999.

[2] Hermes N, Lensink R. Foreign bank presence, domestic bank performance and financial development [J]. Journal of Emerging Market Finance, 2004, 3 (2): 207-229.

銀行進入與東道國銀行績效的關係並不能一概而論，東道國經濟發展水準差異將產生重要影響。

此外，Demirgüç-Kunt 和 Huizinga[①] 的研究表明在發達國家經營的外資銀行所獲得的利息收入和利潤率要比東道國銀行低，而在發展中國家正好反之，外資銀行能獲得比東道國銀行高的經營效率。

4.3.2 東道國金融環境

Wang 和 Bayraktar[②] 將 1995—2002 年包括發達國家和新興市場國家在內的 29 國面板數據依據金融自由化的程度分成三組進行固定效應模型迴歸分析，研究跨國銀行的份額變化、東道國宏觀經濟變量對本國銀行競爭力的影響。研究發現，外資份額的變量對本國銀行競爭力的解釋在第一組樣本分析中影響最大，呈現了顯著的正相關性；在第二組（新興市場國家普遍處於該組）中，結果是不明顯的；對第三組的影響效果則相對最弱。該結論說明在新興市場國家跨國銀行進入對本國銀行效率的改進沒有必然影響。Denizer、Dinc 和 Tarimcilar[③] 對土耳其銀行自由化後的表現進行研究後發現，外資銀行進入後土耳其國內銀行的淨利息率、資產收益率和管理費用均有所下降。外資銀行進入後國內銀行在計劃、信用評估、市場營銷和聘用員工方面的管理質量提高了。外資銀行進入給國內銀行帶來了競爭壓力，有助於提高國內銀行業的效率。

4.3.3 東道國銀行監管

經濟學家們從各個不同的角度論述了政府對銀行業實行監管的必要性，由此形成了各種不同的監管理論，大體上可分為兩大類：建立在經濟學基礎上的監管理論和建立在政治理論基礎上的監管理論。前者又可進一步劃分為市場失靈理論和經濟崩潰理論，後者也可進一步劃分為經濟掠奪理論和利益相關理論。

在經濟學基礎上的監管理論中，市場失靈理論（Market Failure Theory）認為，銀行業與其他產業一樣面臨著失靈問題，從而不能實現金融資源的最優配

[①] Demirgüç-Kunt A, Huizinga H. Determinants of commercial bank interest margins and profitability: some international evidence [J]. The World Bank Economic Review, 1999, 13 (2): 379-408.

[②] Wang Y, Bayraktar N. Foreign bank entry, performance of domestic banks, and sequence of financial liberalization [M]. Washington D. C.: The World Bank, 2004.

[③] Denizer C, Dinc M, Tarimcilar M. Measuring banking efficiency in the pre-and post-liberalization environment: evidence from the Turkish banking system [M]. Washington D. C.: World Bank Publications, 2000.

置。經濟崩潰理論（Economic Collapse Theory）認為，銀行不僅面臨失靈問題，而且由於其內在的脆弱性，容易產生擠提，導致經濟金融體系的不穩定，甚至出現崩潰。這兩種理論的假設前提是政府具有監管能力且其監管目標與社會利益目標一致。

在建立在政治理論基礎上的監管理論中，經濟掠奪理論（Economic Plunder Theory）認為政治家並不是所想像的那樣是社會利益的代表，他們有自己的效用函數，追求自身利益最大化。該理論甚至提出政府所設計的監管工具都是掠奪金融資源的工具。利益相關理論（Theory of Correlated Interest）認為經濟掠奪理論中「抽象的政府」無法對各種金融監管的產生過程給予清晰明確的解釋，主張政府不只是一個簡單抽象的概念，而是由許多政黨和利益集團組成，對銀行業的監管是通過政治鬥爭而形成決策的產物。不同的利益集團是金融監管的需求者，而政治決策機構是銀行業監管的工具或供給者，追尋著監管需求與監管供給的均衡過程。不管理論的動機與目的如何，對銀行業實行監管事實上就相當於在銀行可供選擇的投入—產出集合中增加了新的約束條件。這種約束條件的增加可能導致銀行投入與產出的變化，進而導致銀行效率的變化。因此，出於宏觀金融安全的考慮，資本充足率監管是審慎銀行監管的核心內容，也是《巴塞爾新資本協議（Basel New Capital Accord）》[①]的第一支柱。

---

① 巴塞爾新資本協定簡稱新巴塞爾協議或巴塞爾協議Ⅱ（英文簡稱Basel Ⅱ），是由國際清算銀行下的巴塞爾銀行監理委員會（BCBS）所促成，針對1988年的舊巴塞爾資本協定（Basel Ⅰ）內容做了大幅修改，以期標準化國際上的風險管控制度，提升國際金融服務的風險管控能力。

第五章　外資銀行進入對東道國銀行績效影響的實證研究

本章首先提出實證研究的總體設計和研究假設，選擇變量和建立模型，介紹數據來源，運用描述性統計分析、相關係數分析、單位根檢驗與面板數據分析等方法，從不同角度對研究假設進行實證檢驗。其中，外資銀行進入程度的衡量分別選擇外資銀行占東道國銀行數量比與資產比兩個指標，東道國銀行績效的衡量選用了一系列財務比例指標。通過對外資銀行進入程度對東道國銀行績效作用及其相關影響因素的多國面板數據分析，對上文的理論分析和相關研究假設進行驗證。

第一節　模型構建

5.1.1　研究設計

上文分別從產權結構理論和市場結構理論兩個角度分析了外資銀行進入對中國銀行業績效微觀和宏觀兩個層面的影響，通過對已有研究的瞭解，我們也發現因東道國具體情況的差異，不同研究樣本下對上述影響的驗證並未得到一致的研究結論。在此基礎上，本章的實證檢驗主要在如下研究框架內進行，詳見圖 5.1。

在上文理論分析的基礎上，結合以往文獻的研究成果和發展中國家的實際情況，提出如下實證研究的總體設計。在該研究框架下，分別從微觀和宏觀層面研究外資銀行進入對東道國銀行產權結構和市場結構的影響，並建立了綜合考慮外資銀行進入的微觀與宏觀影響結構方程模型，分析其對東道國銀行績效的影響。下文的實證檢驗將在圖 5.1 的框架下進行，並以此為基礎驗證如下四條研究假設。

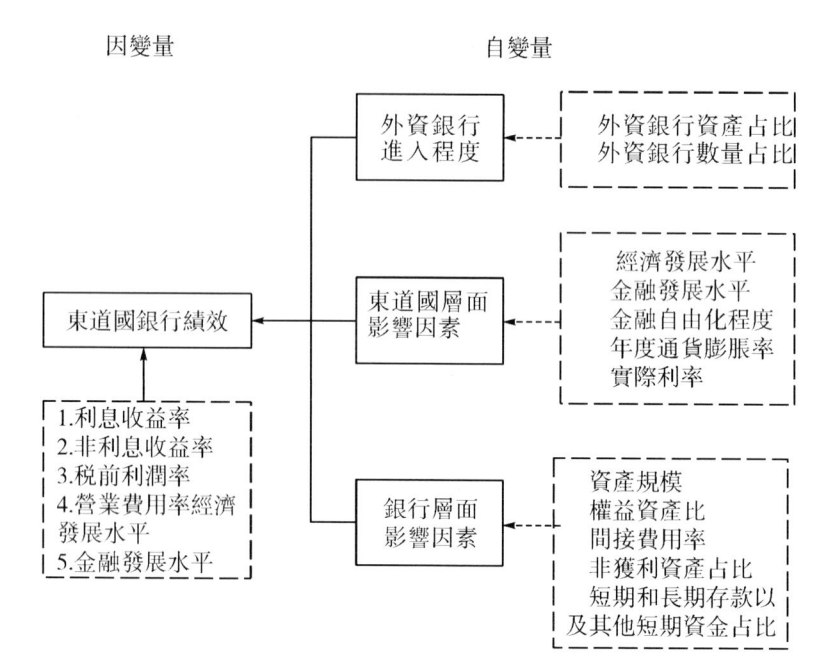

```
        因變量                           自變量
                          ┌─────────┐ ┌─────────────────┐
                          │ 外資銀行 │←┤ 外資銀行資產占比 │
                          │ 進入程度 │ │ 外資銀行數量占比 │
                          └────┬────┘ └─────────────────┘
                               │
                               │       ┌─────────────────┐
                          ┌────┴────┐ │ 經濟發展水平     │
   ┌──────────────┐       │ 東道國層面│←┤ 金融發展水平     │
   │ 東道國銀行績效│←──────┤ 影響因素 │ │ 金融自由化程度   │
   └──────┬───────┘       └────┬────┘ │ 年度通貨膨脹率   │
          ↑                     │      │ 實際利率         │
┌─────────┴──────────┐          │      └─────────────────┘
│ 1. 利息收益率      │          │
│ 2. 非利息收益率    │          │      ┌─────────────────┐
│ 3. 稅前利潤率      │     ┌────┴────┐ │ 資產規模         │
│ 4. 營業費用率經濟  │     │ 銀行層面 │←┤ 權益資產比       │
│    發展水平        │     │ 影響因素 │ │ 間接費用率       │
│ 5. 金融發展水平    │     └─────────┘ │ 非獲利資產占比   │
└────────────────────┘                 │ 短期和長期存款以 │
                                       │ 及其他短期資金占比│
                                       └─────────────────┘
```

圖 5.1　實證研究框架

假設 1：外資銀行進入通過微觀和宏觀層面作用，可以促進東道國銀行績效的提高。外資銀行進入程度與東道國銀行績效正相關。

假設 2：外資銀行進入對東道國銀行績效的作用，受到東道國經濟發展水準的影響。東道國經濟發展水準越低，外資銀行進入對東道國銀行績效提高的效果越明顯。

假設 3：外資銀行進入對東道國銀行績效的作用，受到東道國金融自由化程度的影響。東道國金融自由化程度越低，外資銀行進入對東道國銀行績效提高的效果越明顯。

假設 4：外資銀行進入對東道國銀行績效的作用，受到東道國金融發展水準的影響。東道國金融發展水準越低，外資銀行進入對東道國銀行績效提高的效果越明顯。

5.1.2　模型設定與變量選取

本章採用的基本計量模型來自 Claessens、Demirgüç-Kunt 和 Huizinga[①] 有關

[①] Claessens S, Demirgüç-Kunt A, Huizinga H. How does foreign entry affect domestic banking markets？[J]. Journal of Banking & Finance，2001，25（5）：891-911.

外資銀行進入對本國銀行業效率影響的實證研究，具體形式如下：

$$y_{ijt} = \beta_0 + \beta_1 FS_{ijt} + \beta_2 \sum_k \varphi_k Macro_{jt} + \beta_3 \sum_n \theta_n Bank_{jt} + \varepsilon_{ijt} \tag{5.1}$$

為檢驗東道國特定市場環境對外資銀行進入對銀行績效改進的影響，我們在模型 5.1 的基礎上引入交叉項進行分析，見模型 5.2：

$$y_{ijt} = \beta_0 + \beta_1 FS_{ijt} + \beta_2 FS_{ijt} \cdot Macro_{jt} + \beta_3 \sum_k \varphi_k Macro_{jt} + \beta_4 \sum_n \theta_n Bank_{jt} + \varepsilon_{ijt} \tag{5.2}$$

該模型中，β_0 為常數項，β_i、φ_k 和 θ_n 表示相應變量的系數，ε_{ijt} 表示隨機誤差項。其他變量具體定義如下。

被解釋變量：

y 為一國銀行的績效變量，我們選用了銀行財務指標來進行衡量，具體包括：利息收益率和稅前利潤率衡量銀行的盈利能力，非利息收益率衡量表外業務的收入效率，營業費用率衡量銀行的經營效率，貸款損失準備率衡量銀行的風險管理能力。以上五個指標全面反應了境外戰略投資者對中國銀行績效的影響。

解釋變量：

FS（Foreign Share，外資份額）為衡量外資進入程度變量，我們這裡分別採用外資銀行資產占比和外資銀行數量占比表示。早期考察的相關研究大部分集中於外資銀行進入如何影響銀行的競爭環境。在這些研究中，常採用外資銀行的數目除以一個給定國家的銀行總數，或者外資銀行資產除以一個給定國家的銀行總資產來對外資銀行進入程度進行衡量。其中外資銀行被定義為外資股權超過 50% 及以上的銀行。他們的研究圍繞著外資銀行的數量如何影響國內銀行業的經營環境，進而影響銀行的競爭展開。他們都贊成一個擁有更多外資銀行的國家能增強銀行業競爭，因而減少國內銀行的淨利息收益和利潤。為了驗證假設 2~假設 4，我們在解釋變量中引入如下東道國特定市場環境指標作為外資進入程度變量的交叉項，具體包括：用以美元衡量的實際人均收入作為東道國經濟發展水準的代理變量、用對私人部門信貸/GDP 和 M_2/GDP 作為東道國金融發展水準的代理變量、用金融自由化程度衡量東道國金融市場的自由化程度。

控制變量：

Marco 和 Bank 分別為影響銀行績效的一系列國家和銀行外部因素，需要加以控制。其中，Macro 表示宏觀環境的控制變量，包括東道國人均 GDP（反應一國經濟發展水準）、實際存款利率（能較好地反應銀行利息成本的變動）、

通貨膨脹因素、商業銀行向私人部門貸款占 GDP 的比率和用基礎貨幣 M_2 與 GDP 的比值來表示的金融發展水準、金融自由化程度指標。Bank 表示銀行層面的控制變量，包括銀行的規模、營業費用率、權益資本率、非獲利資產率和其他獲利資產占總資產的比率（見表 5.1）。

表 5.1　變量的定義

變量符號	變量含義	單位
NMARGIN	利息收入率，利息收入/總資產	%
NINTINC	非利息收入率，非利息收入（佣金和服務費用以及外匯交易和證券交易所得等）/總資產	%
PROF	稅前利潤率，稅前利潤/總資產	%
OVERHEAD	間接費用率，間接費用/總資產	%
LLPROV	貸款損失準備比率，貸款損失準備/總資產	%
FBNUM	外資銀行數量占比，外資銀行數量/銀行總數	%
FBASS	外資銀行資產占比，外資銀行資產/銀行業總資產	%
GDPPC	用美元衡量的實際人均收入	美元
INFL	年度通貨膨脹率（以消費物價指數衡量）	%
REALI	實際利率	%
EQUITY	權益資產比，帳面權益/總資產	%
NINTASS	非獲利資產占比，現金、存放在其他銀行的不獲得利息的存款以及其他非存款短期資金/總資產	%
CSTFUN	其他獲利資產率，短期和長期存款以及其他短期資金/總資產	%
TOTALA	總資產	美元
FREEDOM	金融自由化程度	—
PCGDP	對私人部門信貸/GDP	%
$M_2 GDP$	M_2/GDP	%

第二節　數據來源與處理

5.2.1　數據來源

本書研究中所使用的主要衡量指標包括利息收入率（NMARGIN）、非利息收入率（NINTINC）、稅前利潤率（PROF）、間接費用率（OVERHEAD）和貸款損失準備比率（LLPROV）等，銀行層面的數據均來自 Bureau van Dijk（BvD）和 Fitch IBCA 合作開發的 Bankscope 數據庫（全球銀行和金融機構數據庫）[1]。衡量外資銀行進入程度數據的兩個主要解釋變量外資銀行數量占比（FBNUM）和外資銀行資產占比（FBASS）的數據來源於 Claessens、Van Horen 和 Gurcanlar 等[2]。解釋變量中的三個交互項中東道國經濟發展水準（GDPPC）和東道國金融發展水準（PCGDP 和 M_2GDP）數據來自 Fitch IBCA 的 EIU CountryData 數據庫（EIU 各國宏觀經濟指標寶典）[3]，金融自由化程度（FREEDOM）數據來自 Kane、Holmes 和 O'Grady。[4] 控制變量中，銀行層面的數據均來自 Fitch IBCA 的 Bankscope 數據庫，各國銀行市場結構方面的數據來自世界銀行（World Bank）提供的金融發展和結構數據庫（Financial Structure Database），各國其他宏觀層面的數據也來自 EIU CountryData 數據庫。受到部分關鍵變量來源的限制，本書研究的樣本期為 1995—2006 年。為保證樣本的完整和連續性，根據研究需要對樣本數據進行篩選處理，剔除了樣本中部分變量數據缺失的樣本。經過上述處理後共得到 50 個發展中國家的 635 家商業銀行作為研究樣本，共 4368 個觀測值。

5.2.2　描述性統計

研究樣本數據的描述性統計情況如表 5.2 所示。根據表 5.2，從微觀層面來看，我們研究的發展中國家銀行樣本中利息收入率（NMARGIN）、非利息收入率（NINTINC）、稅前利潤率（PROF）、間接費用率（OVERHEAD）和貸款

---

[1]　http://www.bankscope.bvdep.com/。

[2]　Claessens S, Van Horen N, Gurcanlar T, et al. Foreign bank presence in developing countries 1995-2006: data and trends [R]. Washington D. C.: The World Bank, 2008.

[3]　http://www.countrydata.bvdep.com/。

[4]　Tim Kane, Kim R. Holmes, Mary Anastasia O'Grady. Index of economic freedom [M]. Washington, D. C.: The Heritage Foundation and Dow Jones & Company, Inc., 2007.

損失準備比率（LLPROV）等各類財務指標差異較大。從宏觀層面來看，外資銀行數量占比（FBNUM）、外資銀行資產占比（FBASS）這兩類衡量外資銀行進入程度的指標，對外資銀行進入後東道國銀行業的差異更大。特別是東道國金融自由化程度（FREEDOM）、經濟發展水準（GDPPC）和金融發展水準（PCGDP 和 M_2GDP）等指標在各發展中國家更是相距甚大。

表 5.2　樣本的描述性統計

統計量 變量名	均值	標準方差	最小值	最大值	樣本組數	觀察值數
NMARGIN	0.006	0.014	0.396	−0.003	4368	635
NINTINC	0.005	0.010	0.170	0.000	4368	635
PROF	0.003	0.009	0.148	−0.215	4368	635
OVERHEAD	0.003	0.008	0.120	−0.083	4368	635
LLPROV	0.001	0.005	0.160	−0.033	4368	635
FBNUM	4.160	7.981	68	0	4368	635
FBASS	4.329	9.223	75	0	4368	635
GDPPC	653.003	1234.131	12,457.990	0.350	4368	635
GROWTH	0.553	1.237	15.022	−6.5	4368	635
INFL	1.869	14.999	673.884	−7.983	4368	635
EQUITY	0.001	0.001	0.008	0.001	4368	635
NINTASS	0.043	0.083	0.727	0.001	4368	635
CSTFUN	0.090	0.144	0.998	0.001	4368	635
TOTALA	864,202	9,088,591	2.89E+08	9.28E−05	4368	635
FREEDOM	0.036	4.170	48.188	−68.474	4368	635
PCGDP	31.473	333.772	6810.221	−0.693	4368	635
M_2GDP	14.216	52.576	1221.524	0.000	4368	635

在設定了實證研究的模型後，接下來根據樣本數據集進行面板數據迴歸檢驗。由於現實經濟中許多經濟變量的時間序列是非平穩的（如時間序列之間出現強勁的相同方向運動趨勢），傳統的經濟計量學方法對非平穩的時間序列不再適用。此時利用傳統方法對計量模型進行統計推斷時，許多參數的統計量的分佈不再是標準分佈，導致標準的 t 檢驗與 F 檢驗無效，對非平穩的時間序列進行迴歸可能會出現謬誤迴歸（Spurious Regression）的現象。為防止謬誤迴歸的產生，先要在迴歸之前對數據序列進行平穩性檢驗，以判斷每個變量的平穩性質。採用 ADF（Augment Dikey-Fuller）檢驗法，對模型涉及的各個變量

的時間序列分別進行平穩性檢驗方法，得到檢驗結果見表5.3。

表5.3 單位根檢驗結果

變量名稱	檢驗形式			
	Levin, Lin & Chu	Im, Pesaran & Shin W-stat	ADF-Fisher Chi-squar	PP-Fisher Chi-square
NMARGIN	−122.612***	−42.8213***	2166.98***	2478.57***
NINTINC	−144.519***	−75.0498***	2176.29***	2797.48***
PROF	140.749***	−49.1514***	2611.52***	2873.09***
OVERHEAD	−75.1713***	−54.1916***	2451.30***	2878.88***
LLPROV	−884.808***	−79.8394***	2668.28***	2958.87***
FBNUM	−219.819***	−20.2713***	1522.09***	1524.44***
FBASS	−7.977,25***	7.065,12	1055.51	1019.43
GDPPC	−142.290***	−9.266,73***	1553.74***	1606.51***
INFL	−382.331***	−59.7097***	2441.62***	2475.24***
REALI	−242.302***	−48.9372***	2553.46***	2478.70***
EQUITY	−446.185***	−172.949***	3152.92***	3970.02***
NINTASS	−369.933***	−54.4469***	2059.51***	2285.63***
CSTFUN	−102.438***	−111.363***	1877.22***	2199.23***
LNTOTALA	−37.4002***	−0.386,40	1308.33***	1668.68***
FREEDOM	−655.215***	−62.9891***	1841.12***	1927.93***
PCGDP	−42.1356***	15.1138	1192.79	1182.09
$M_2 GDP$	−347.899***	−22.1221***	1527.22***	1611.89***

註：*** 表示在1%檢驗水準下顯著，** 表示在5%檢驗水準下顯著，* 表示在10%檢驗水準下顯著。Fisher檢驗的概率計算採用漸進Chi-square分佈，其他檢驗均假設漸進正態分佈。[①]

表5.3的ADF檢驗結果表明，所有比例序列均為平穩序列，符合最小二乘迴歸檢驗的條件，可直接建立迴歸關係式。

[①] 本章實證分析選用的計量軟件為Eviews6.0。

第三節　外資銀行進入對東道國銀行績效影響的檢驗結果

本書的樣本數據為發展中國家銀行的多國面板數據（Panel Data），實證研究中運用截面加權（Cross-section Weights）方法消除異方差的影響，分別對模型 5.1 和 5.2 進行面板數據廣義最小二乘法（Generalized Least Squares，GLS）迴歸，檢驗外資銀行進入對東道國銀行績效的作用及其影響因素。對假設 1～假設 4 進行檢驗的迴歸結果分別在下文的表 5.4～表 5.13 中列示，迴歸結果及分析如下。

5.3.1　外資銀行進入與東道國銀行績效

在表 5.4 和表 5.5 針對外資銀行進入對東道國銀行績效影響的實證檢驗中，我們分別採用外資銀行數量占比（FBNUM）和外資銀行資產占比（FBASS）兩類衡量外資銀行進入程度的指標，對外資銀行進入後東道國銀行業的利息收入率（NMARGIN）、非利息收入率（NINTINC）、稅前利潤率（PROF）、間接費用率（OVERHEAD）和貸款損失準備比率（LLPROV）共 5 個指標的變化進行測度，對假設 1 進行檢驗。

表 5.4 和表 5.5 的迴歸結果中 R^2 為擬合優度檢驗，Adjusted R^2 為調整後的 R^2，F-statistic 為檢驗整體迴歸整體顯著性的 F 統計量，Cross-sections 為樣本組數，Observations 為觀測值總數。面板數據的迴歸結果從總體上來看，均較為理想，除了貸款損失準備比率（LLPROV）的 R^2 數值約為 0.46 略低外，其他指標作為因變量迴歸的 R^2 數值均在 0.76～0.95，說明模型 5.1 具有很好的說服力。F 統計量的值在 1% 的檢驗性水準下均顯著，說明方程的整體顯著性均較高。實證分析中需要考察的各個自變量 t 統計量值，雖然有極少數變量的顯著性稍差，但絕大多數通過了 1% 水準下的顯著性檢驗，表明外資銀行進入對東道國銀行績效的確產生了重要影響。

從表 5.4 的迴歸結果可以發現，外資銀行數量占比（FBNUM）變量與利息收入率（NMARGIN）和非利息收入率（NINTINC）係數為正，且均通過了 1% 水準的顯著性檢驗，說明具有顯著的正相關關係，與 Hermes 和 Lensink[1] 的

---

[1] Hermes N, Lensink R. Foreign bank presence, domestic bank performance and financial development [J]. Journal of Emerging Market Finance, 2004, 3（2）: 207-229.

實證研究結果相似，外資銀行進入後帶來競爭使東道國銀行業成本提升，這些成本又將通過利息與非利息收入形式轉嫁給國內消費者。外資銀行數量占比（FBNUM）變量與稅前利潤率（PROF）變量系數為正，表明外資銀行進入後，國內銀行借鑑其先進服務理念、管理經驗以及產品開發與維護的技術，提升了經營效率。外資銀行數量占比（FBNUM）變量與營業費用率（OVERHEAD）正相關，表明外資銀行進入使東道國銀行的營業費用率有所提高。外資銀行數量占比（FBNUM）和貸款損失準備比率（LLPROV）負相關，說明外資銀行進入後在一定程度上提高了東道國銀行的風險水準。通過以上分析，我們可以看出，發展中國家外資銀行進入程度的增加，提高了東道國銀行業的利息收入、非利息收入、營業費用和稅前利潤率，但減少了貸款損失準備率。這些實證結果在一定程度上說明，在外資銀行進入的競爭效應和產權效應的影響下，東道國銀行迫於競爭壓力所做出的相關應對對其經營管理和公司治理所產生的影響。

表 5.4　外資銀行進入（FBNUM）對東道國銀行績效的影響

	NMARGIN	NINTINC	PROF	OVERHEAD	LLPROV
FBNUM	0.0001***	0.0002***	0.0001***	0.0002***	-0.0001***
	(-15.5195)	(-31.5951)	(-6.3631)	(-27.2924)	(-8.2583)
GDPPC	-0.0001***	-0.0001***	0.0001***	-0.0001***	-0.0001***
	(-8.1679)	(-25.2346)	(-3.9859)	(-20.3160)	(-9.5051)
INFL	0.0017***	0.0006***	0.0004***	0.0004***	0.0001***
	(-40.6261)	(-22.8802)	(-14.4468)	(-12.7029)	(-8.0619)
REALI	0.0016***	0.0006***	0.0003***	0.0003***	0.0001***
	(-35.3298)	(-20.3652)	(-11.7945)	(-8.7717)	(-7.8267)
EQUITY	3.9437***	4.5914***	-1.1221**	6.5523***	2.1888***
	(-12.3145)	(-12.5319)	(-2.4666)	(-14.318)	(-10.6176)
NINTASS	-0.0222***	-0.0276***	0.0090***	-0.0177***	-0.0079***
	(-19.3141)	(-27.1659)	(-10.9052)	(-18.8307)	(-16.0335)
CSTFUN	0.0313***	0.0318***	-0.0020***	0.0303***	0.0118***
	(-39.9305)	(-40.5669)	(-3.1857)	(-42.5768)	(-30.0785)
OVERHEAD	0.1974***	0.5689***	0.5117***		0.0801***
	(-19.1967)	(-56.902)	(-55.131)		(-17.4775)

表5.4(續)

	NMARGIN	NINTINC	PROF	OVERHEAD	LLPROV
LNTOTALA	0.0001***	0.0001***	−0.0001***	0.0001	−0.0001***
	(−14.8901)	(−7.9261)	(−2.7675)	(−0.0374)	(−9.3096)
CONSTANT	−0.0001***	0.0001*	−0.0001***	0.0002***	−0.0001***
	(−9.5782)	(−1.7151)	(−3.3180)	(−6.5318)	(−10.0274)
R^2	0.8889	0.9548	0.7914	0.7633	0.4629
Adjusted R^2	0.8887	0.9547	0.791	0.7629	0.4618
F-statistic	3874.0140	10219.2600	1839.2090	1759.0800	406.3219
Cross-sections	635	635	635	635	635
Observations	4368	4368	4368	4368	4368

註：括號內是t統計量值。*** 表示在1%檢驗水準下顯著，** 表示在5%檢驗水準下顯著，* 表示在10%檢驗水準下顯著。

為使假設 1 的檢驗結果更加穩健，我們接著採用外資銀行資產占比（FBASS）來對外資銀行進入程度進行度量來檢驗模型 5.1，迴歸結果見表 5.5。從表 5.5 的迴歸結果可以發現，外資銀行資產占比（FBASS）變量與利息收入率（NMARGIN）和非利息收入率（NINTINC）系數具有顯著的正相關關係，外資銀行進入後帶來競爭使東道國銀行業利息與非利息收入均有所提升。外資銀行資產占比（FBASS）與稅前利潤率（PROF）變量系數為負，這個實證結果也與 Hermes 和 Lensink（2004）的實證研究結果相似，說明外資銀行的進入提高了東道國銀行的市場競爭程度，降低了其稅前利潤率。外資銀行資產占比（FBASS）變量與營業費用率（OVERHEAD）正相關，表明外資銀行進入使東道國銀行的營業費用率有所提高。外資銀行資產占比（FBASS）和貸款損失準備比率（LLPROV）負相關，說明外資銀行進入後在一定程度上提高了東道國銀行的風險水準。通過以上分析，我們可以看出，發展中國家外資銀行的進入程度的增加，提高了東道國銀行業的利息收入、非利息收入、營業費用和稅前利潤率，但減少了貸款損失準備率。這些實證結果在一定程度上說明，在外資銀行進入的競爭效應和產權效應的影響下，東道國銀行迫於競爭壓力所做出的相關應對，對其經營管理和公司治理所產生的影響。

表 5.5　外資銀行進入（FBASS）對東道國銀行績效的影響

	NMARGIN	NINTINC	PROF	OVERHEAD	LLPROV
FBASS	0.0001***	0.0002***	−0.0001***	0.0001***	−0.0001***
	(−19.0199)	(−24.0543)	(−4.5759)	(−20.7872)	(−3.4667)
GDPPC	−0.0001***	−0.0001***	0.0001***	−0.0001***	−0.0001***
	(−9.6527)	(−12.0349)	(−9.3137)	(−16.5899)	(−10.9169)
INFL	0.0019***	0.0008***	0.0005***	0.0005***	0.0001***
	(−43.1507)	(−24.7096)	(−16.6569)	(−15.8306)	(−7.928)
REALI	0.0018***	0.0007***	0.0004***	0.0004***	0.0001***
	−36.3526	(−20.638)	(−13.97)	(−10.4171)	(−7.708)
EQUITY	3.7446***	4.3516***	−1.0608***	7.1302***	1.9368***
	−12.0875	(−11.3921)	(−2.1654)	(−17.0039)	(−8.91)
NINTASS	−0.0228***	−0.0254***	0.0108***	−0.0145***	−0.0077***
	(−18.9782)	(−22.5938)	(−12.7811)	(−14.3906)	(−14.8709)
CSTFUN	0.0306***	0.0274***	−0.0029***	0.0287***	0.0118***
	(−38.6577)	(−30.4415)	(−4.1500)	(−40.7396)	(−27.6508)
OVERHEAD	0.1492***	0.5290***	0.5081***		0.0760***
	(−14.3109)	(−47.6852)	(−50.7279)		(−15.7645)
LNTOTALA	0.0001***	0.0001***	−0.0001***	0.0001***	−0.0001***
	(−20.3313)	(−19.4888)	(−8.2038)	(−2.8134)	(−13.3384)
CONSTANT	−0.0003***	−0.0001***	−0.0001	0.0002***	0.0001***
	(−16.7558)	(−6.2344)	(−0.0605)	(−3.9191)	−13.3076
R^2	0.9123	0.8991	0.7601	0.774	0.4561
Adjusted R^2	0.9121	0.8989	0.7595	0.7735	0.4548
F-statistic	4351.313	3721.567	1326.474	1613.558	341.4191
Cross-sections	635	635	635	635	635
Observations	4368	4368	4368	4368	4368

註：括號內是 t 統計量值。*** 表示在1%檢驗水準下顯著，** 表示在5%檢驗水準下顯著，* 表示在10%檢驗水準下顯著。

5.3.2　經濟發展水準、外資銀行進入與東道國銀行績效

在表 5.6 和表 5.7 針對東道國經濟發展水準對外資銀行進入與東道國銀行績效影響的實證檢驗中，我們引入如下東道國經濟發展水準指標作為外資進入程度變量的交叉項，分別與外資銀行數量占比（*FBNUM*）和外資銀行資產占比（*FBASS*）兩類衡量外資銀行進入程度的指標做交叉項進入模型 5.2 迴歸，對外資銀行進入後東道國銀行業的利息收入率（*NMARGIN*）、非利息收入率（*NINTINC*）、稅前利潤率（*PROF*）、間接費用率（*OVERHEAD*）和貸款損失準備比率（*LLPROV*）5 個指標的變化進行測度，對假設 2 進行檢驗。實證檢驗中東道國經濟發展水準的代理變量為以用美元衡量的實際人均收入（*GDPPC*）。

表 5.6 和表 5.7 兩個面板數據的迴歸結果從總體上來看均較為理想，除了貸款損失準備比率（*LLPROV*）的 R^2 數值約為 0.45~0.5 略低外，其他指標作為因變量迴歸的 R^2 數值均在 0.76~0.9，說明模型 5.2 具有很好的說服力。F 統計量的值均在 1% 的檢驗性水準下均顯著，說明方程的整體顯著性均較高。檢驗結果中各變量的 t 統計量值也絕大多數通過了 1% 水準下的顯著性檢驗。

從表 5.6 的迴歸結果可以發現，外資銀行數量占比（*FBNUM*）變量與利息收入率（*NMARGIN*）和非利息收入率（*NINTINC*）具有顯著的正相關關係，與上文的實證檢驗結果一致。外資銀行數量占比（*FBNUM*）與東道國經濟發展水準（*GDPPC*）的交叉項，和利息收入率（*NMARGIN*）、非利息收入率（*NINTINC*）具有顯著的負相關關係，由於外資銀行多來自發達國家，這一結果表明東道國經濟發展水準與外資銀行母國差距越大時，外資銀行所帶來的競爭對國內銀行經營成本的衝擊和效率改進的促進越明顯。可見，隨著東道國經濟水準的提升，外資銀行進入引起的衝擊作用將有所減弱。外資銀行數量占比（*FBNUM*）變量與稅前利潤率（*PROF*）變量系數為正，通過 1% 水準的顯著性檢驗，這也與上文實證檢驗結果一致。外資銀行數量占比（*FBNUM*）與東道國經濟發展水準（*GDPPC*）的交叉項，和稅前利潤率（*PROF*）變量具有顯著的正相關關係，表明東道國經濟發展水準與母國差距越大，外資銀行進入帶來的競爭作用愈明顯。外資銀行數量占比（*FBNUM*）變量與營業費用率（*OVERHEAD*）顯著正相關，表明外資銀行進入使東道國銀行的營業費用率有所提高。外資銀行數量占比（*FBNUM*）與東道國經濟發展水準（*GDPPC*）的交叉項，和營業費用率（*OVERHEAD*）具有顯著的負相關關係，表明東道國經濟發展水準高，外資銀行進入帶來的競爭作用的程度將相對降低。外資銀行數量

占比（FBNUM）和貸款損失準備率（LLPROV）負相關，說明外資銀行進入後在一定程度上提高了東道國銀行的風險水準。外資銀行數量占比（FBNUM）與東道國經濟發展水準（GDPPC）交叉項，和貸款損失準備比率（LLPROV）的具有顯著的負相關關係。上述兩個變量的符號方向一致，說明東道國經濟發展水準在外資銀行進入與貸款損失準備率關係上的作用並不明顯。

通過以上分析，我們可以看出，發展中國家外資銀行的進入程度的增加，提高了東道國銀行業的利息收入、非利息收入、營業費用和稅前利潤率，減少了貸款損失準備率，但東道國經濟發展水準與外資銀行母國之間的差距會影響上述作用的發揮。一般來說兩國經濟發展水準差距越大，上述影響也將越強烈。這些實證結果在一定程度上說明，外資銀行進入對東道國銀行效率的影響確實受到東道國經濟發展水準的制約，假設2得到驗證。

表5.6　外資銀行進入（FBNUM）與東道國銀行績效：
東道國經濟發展水準的影響

	NMARGIN	NINTINC	PROF	OVERHEAD	LLPROV
FBNUM	0.0002***	0.0003***	0.0001***	0.0002***	-0.0001***
	(29.1613)	(35.3904)	(3.7881)	(28.3447)	(-7.8773)
FBNUM×GDPPC	-0.0001***	-0.0001***	0.0001***	-0.0001***	-0.0001***
	(-11.2367)	(-14.6345)	(5.5703)	(-13.9739)	(-5.4123)
INFL	0.0016***	0.0007***	0.0004***	0.0004***	0.0001***
	(41.4163)	(24.7745)	(14.3277)	(13.9017)	(9.5962)
REALI	0.0016***	0.0007***	0.0003***	0.0003***	0.0001***
	(35.8755)	(21.7944)	(11.8497)	(9.6489)	(9.4534)
EQUITY	3.6537***	5.0205***	-1.0741**	6.2628***	2.2958***
	(11.5695)	(12.3474)	(-2.316)	(12.735)	(10.823)
NINTASS	-0.0234***	-0.0304***	0.0099***	-0.0176***	-0.0079***
	(-23.0733)	(-34.649)	(12.2407)	(-19.9556)	(-16.5483)
CSTFUN	0.0303***	0.0281***	-0.0021***	0.0266***	0.0109***
	(49.5657)	(42.9143)	(-3.6553)	(38.258)	(29.9419)
OVERHEAD	0.1803***	0.5352***	0.5209***		0.0782***
	(18.6864)	(55.3446)	(56.3685)		(16.6851)

表5.6(續)

	NMARGIN	NINTINC	PROF	OVERHEAD	LLPROV
LNTOTALA	0.0001 (0.8324)	−0.0001*** (−9.2406)	0.0001*** (4.7311)	−0.0001*** (−11.581)	−0.0001*** (−14.2389)
CONSTANT	0.0001*** (5.9715)	0.0003*** (13.9132)	−0.0001*** (−8.1819)	0.0005*** (14.2366)	0.0002*** (13.9019)
R^2	0.9071	0.9007	0.7855	0.7584	0.4821
Adjusted R^2	0.9069	0.9005	0.7851	0.758	0.481
F-statistic	4729.3520	4387.5760	1775.7680	1712.3720	438.8453
Cross-sections	635	635	635	635	635
Observations	4368	4368	4368	4368	4368

註：括號內是t統計量值。***表示在1%檢驗水準下顯著，**表示在5%檢驗水準下顯著，*表示在10%檢驗水準下顯著。

同樣，為使對假設2的檢驗結果更加穩健，我們接著採用外資銀行資產占比（FBASS）替代外資銀行數量占比（FBNUM）變量來對模型5.2進行檢驗，迴歸結果見表5.7。從表5.7的迴歸結果可以發現，外資銀行資產占比（FBASS）變量與利息收入率（NMARGIN）、非利息收入率（NINTINC）的係數為正，且通過顯著性檢驗。外資銀行資產占比（FBASS）與東道國經濟發展水準（GDPPC）的交叉項，和利息收入率（NMARGIN）、非利息收入率（NINTINC）為負相關關係，也與上文的結果一致。外資銀行資產占比（FBASS）變量與稅前利潤率（PROF）變量存在顯著的負相關關係，表明外資銀行進入會加劇東道國國內銀行市場的競爭，降低銀行業的稅前收益水準，提高銀行業的經營績效。外資銀行資產占比（FBASS）與東道國經濟發展水準（GDPPC）的交叉項，和稅前利潤率（PROF）變量具有顯著的正相關關係，表明外資銀行進入帶來的競爭作用會受到東道國經濟發展水準的影響，東道國經濟發展水準越低，外資銀行進入為東道國銀行市場帶來的衝擊作用越明顯。外資銀行資產占比（FBASS）變量與營業費用率（OVERHEAD）顯著正相關，表明外資銀行進入使東道國銀行的營業費用率有所提高。外資銀行資產占比（FBASS）與東道國經濟發展水準（GDPPC）的交叉項，和營業費用率（OVERHEAD）具有顯著的負相關關係，表明東道國經濟發展水準高，外資銀行進入帶來的競爭作用的程度將相對降低。外資銀行資產占比（FBASS）和貸款損失準備率（LLPROV）負相關；外資銀行資產占比（FBASS）與東道國經濟發展水準（GDPPC）的交叉項，和貸款損失準備比率

(LLPROV) 具有顯著的負相關關係。上述兩個變量的符號方向一致,說明東道國經濟發展水準在外資銀行進入與貸款損失準備率關係上的作用並不明顯。通過表 5.7 得到的實證結果進一步驗證了假設 2,即外資銀行進入對東道國銀行效率的影響確實受到東道國經濟發展水準的制約。

表 5.7 外資銀行進入(FBASS)與東道國銀行績效:
東道國經濟發展水準的影響

	NMARGIN	NINTINC	PROF	OVERHEAD	LLPROV
FBASS	0.0002*** (22.1547)	0.0002*** (28.5743)	−0.0001*** (−10.3561)	0.0001*** (20.8221)	−0.0001* (−1.9301)
FBASS×GDPPC	−0.0001*** (−9.6842)	−0.0001*** (−13.2491)	0.0001*** (12.0157)	−0.0001*** (−12.3725)	−0.0001*** (−9.2408)
INFL	0.0019*** (43.2011)	0.0008*** (28.0061)	0.0004*** (15.8853)	0.0005*** (16.0097)	0.0001*** (9.1114)
REALI	0.0018*** (36.4942)	0.0008*** (23.2304)	0.0004*** (13.2387)	0.0004*** (10.5714)	0.0001*** (8.9016)
EQUITY	3.3043*** (10.9942)	4.7003*** (11.3929)	−0.5166 (−1.0626)	6.2762*** (13.2878)	2.1527*** (9.5507)
NINTASS	−0.0227*** (−20.4745)	−0.0258*** (−24.5866)	0.0123*** (15.5467)	−0.0134*** (−13.6708)	−0.0087*** (−17.0009)
CSTFUN	0.0296*** (41.2766)	0.0268*** (34.5375)	−0.0038*** (−6.5191)	0.0267*** (36.7495)	0.0112*** (30.1725)
OVERHEAD	0.1395*** (13.1203)	0.5153*** (48.1482)	0.5162*** (56.3561)		0.0715*** (14.6344)
LNTOTALA	0.0001*** (15.3109)	0.0001* (1.8552)	0.0001*** (18.8005)	−0.0001*** (−4.6428)	−0.0001*** (−13.7849)
CONSTANT	−0.0001*** (−4.2451)	0.0002*** (6.5065)	−0.0002*** (−19.9600)	0.0004*** (8.5488)	0.0002*** (13.5173)
R^2	0.9076	0.8996	0.7848	0.7773	0.5051
Adjusted R^2	0.9074	0.8993	0.7843	0.7768	0.5038
F-statistic	4107.474	3741.415	1526.484	1644.43	415.4417
Cross-sections	635	635	635	635	635
Observations	4368	4368	4368	4368	4368

註:括號內是 t 統計量值。*** 表示在 1%檢驗水準下顯著,** 表示在 5%檢驗水準下顯著,* 表示在 10%檢驗水準下顯著。

5.3.3 金融自由化、外資銀行進入與東道國銀行績效

在表5.8和表5.9針對東道國金融自由化程度對外資銀行進入與東道國銀行績效的影響進行的實證檢驗中,我們引入如下東道國金融自由化程度(*FREEDOM*)分別與外資銀行數量占比(*FBNUM*)和外資銀行資產占比(*FBASS*)兩類衡量外資銀行進入程度的指標做交叉項進入模型(5.2)迴歸,對外資銀行進入後東道國銀行業的利息收入率(*NMARGIN*)、非利息收入率(*NINTINC*)、稅前利潤率(*PROF*)、間接費用率(*OVERHEAD*)和貸款損失準備比率(*LLPROV*)這5個指標的變化進行測度,對假設3進行檢驗。

表5.8和表5.9的面板數據迴歸結果從總體上來看均較為理想,除了貸款損失準備比率(*LLPROV*)的R^2數值約為0.53~0.54略低外,其他指標作為因變量迴歸的R^2數值均在0.77~0.95,調整到R^2數值也與之類似。F統計量值在1%的檢驗性水準下均顯著,證明方程的整體顯著性均較高,各變量的t值也絕大多數通過了1%水準下的顯著性檢驗。

從表5.8的迴歸結果可以發現,外資銀行數量占比(*FBNUM*)變量與利息收入率(*NMARGIN*)、非利息收入率(*NINTINC*)具有顯著的正相關關係;外資銀行數量占比(*FBNUM*)與東道國金融自由化程度(*FREEDOM*)的交叉項,和利息收入率(*NMARGIN*)、非利息收入率(*NINTINC*)具有顯著的負相關關係,表明外資銀行進入提高了東道國銀行業的經營成本,東道國銀行不得不提升主營業務收入與中間業務收入來彌補成本提升的不利影響。外資銀行數量占比(*FBNUM*)變量與稅前利潤率(*PROF*)變量系數顯著負相關;外資銀行數量占比(*FBNUM*)與東道國金融自由化程度(*FREEDOM*)的交叉項,和稅前利潤率(*PROF*)變量具有顯著的正相關關係,表明外資銀行進入降低了東道國稅前利潤率,東道國金融自由化程度越低其效果越明顯。外資銀行數量占比(*FBNUM*)變量與營業費用率(*OVERHEAD*)顯著正相關;外資銀行數量占比(*FBNUM*)與東道國金融自由化程度(*FREEDOM*)的交叉項,和營業費用率(*OVERHEAD*)具有顯著的負相關關係,這一結果表明外資銀行進入使東道國銀行的營業費用率有所提高,隨著東道國金融自由化程度提高,外資銀行進入帶來的競爭作用的程度將相對減弱。外資銀行數量占比(*FBNUM*)和貸款損失準備率(*LLPROV*)正相關;外資銀行數量占比(*FBNUM*)與東道國金融自由化程度(*FREEDOM*)的交叉項和貸款損失準備比率(*LLPROV*)具有顯著的負相關關係,說明外資銀行進入後在一定程度上降低了

東道國銀行的風險水準。

表5.8 外資銀行進入（FBNUM）與東道國銀行績效：
東道國金融自由化的影響

	NMARGIN	*NINTINC*	*PROF*	*OVERHEAD*	*LLPROV*
FBNUM	0.0002 *** (20.9440)	0.0003 *** (35.1568)	-0.0001 * (-1.7615)	0.0003 *** (34.7684)	0.0001 (1.0461)
FBNUM× FREEDOM	-0.0001 *** (-14.3970)	-0.0001 *** (-16.9487)	0.0001 *** (5.8531)	-0.0001 *** (-8.6322)	-0.0001 *** (-6.3145)
GDPPC	-0.0001 *** (-8.3789)	-0.0001 *** (-16.7141)	0.0001 *** (6.3487)	-0.0001 *** (-30.2005)	-0.0001 *** (-11.9585)
INFL	0.0017 *** (40.3823)	0.0007 *** (23.2884)	0.0004 *** (13.9989)	0.0003 (11.1875)	0.0001 *** (8.7287)
REALI	0.0017 *** (35.5367)	0.0006 *** (20.6640)	0.0004 *** (12.0389)	0.0003 *** (7.3288)	0.0001 *** (8.0688)
EQUITY	4.0627 *** (14.5018)	6.0939 *** (14.6543)	-0.7434 (-1.5617)	9.0567 *** (18.1133)	2.8072 *** (12.4120)
NINTASS	-0.0235 *** (-22.9535)	-0.0282 *** (-30.1663)	0.0133 *** (16.1297)	-0.0233 *** (-26.8787)	-0.0124 *** (-27.6528)
CSTFUN	0.0334 *** (49.9933)	0.0309 *** (43.5219)	-0.0043 *** (-6.1607)	0.0336 *** (58.8566)	0.0152 *** (41.1266)
OVERHEAD	0.1507 *** (15.5708)	0.5339 *** (55.0512)	0.5567 *** (57.5935)		0.0317 *** (8.9320)
LNTOTALA	0.0001 *** (5.4754)	-0.0001 (-1.1522)	-0.0001 *** (-4.0136)	-0.0001 ** (-2.2891)	-0.0001 *** (-11.1455)
CONSTANT	0.0001 *** (4.7367)	0.0002 *** (7.5724)	-0.0001 * (-1.7964)	0.0002 *** (7.6713)	0.0001 *** (11.1989)
R^2	0.898	0.9063	0.772	0.9312	0.5439
Adjusted R^2	0.8977	0.9061	0.7714	0.9311	0.5428
F-statistic	3731.93	4094.02	1436.652	6387.588	492.3335
Cross-sections	635	635	635	635	635
Observations	4368	4368	4368	4368	4368

註：括號內是t統計量值。*** 表示在1%檢驗水準下顯著，** 表示在5%檢驗水準下顯著，* 表示在10%檢驗水準下顯著。

為使上文對假設3的檢驗結果更加穩健，我們接著採用外資銀行資產占比

（FBASS）替代外資銀行數量占比（FBNUM）變量來對模型 5.2 進行檢驗，迴歸結果見表 5.9。從表 5.9 的迴歸結果可以發現，採用外資銀行資產占比（FBASS）作為外資銀行進入程度變量的檢驗結果均與表 5.8 檢驗結果保持一致。通過以上分析，我們可以看出，發展中國家外資銀行進入程度的增加，在一定程度上起到了提高東道國銀行業效率的作用，但上述作用的發揮也受制於東道國金融自由化程度，假設 3 得到驗證。

表 5.9 外資銀行進入（FBASS）與東道國銀行績效：東道國金融自由化的影響

	NMARGIN	NINTINC	PROF	OVERHEAD	LLPROV
FBASS	0.0003 *** (36.5412)	0.0003 *** (41.0487)	-0.0001 *** (-7.5398)	0.0002 *** (22.5896)	0.0001 *** (4.4291)
FBASS× FREEDOM	-0.0001 *** (-11.3835)	-0.0001 *** (-15.7245)	0.0001 *** (3.5837)	-0.0001 *** (-6.1863)	-0.0001 *** (-7.5828)
GDPPC	-0.0001 *** (-12.7506)	-0.0001 *** (-17.7598)	0.0001 *** (15.3473)	-0.0001 *** (-16.2989)	-0.0001 *** (-10.1087)
INFL	0.0019 *** (45.8192)	0.0008 *** (26.2562)	0.0005 *** (16.5767)	0.0005 *** (14.6811)	0.0001 *** (8.6015)
REALI	0.0018 *** (38.5377)	0.0008 *** (21.8032)	0.0005 *** (14.9344)	0.0004 *** (9.5830)	0.0001 *** (8.1253)
EQUITY	3.6775 *** (16.8438)	6.2383 *** (14.7512)	-0.0105 *** (-0.0244)	10.4219 *** (26.8175)	2.6294 *** (12.4788)
NINTASS	-0.0241 *** (-21.9748)	-0.0304 *** (-29.0516)	0.0128 *** (14.7898)	-0.0202 *** (-20.0429)	-0.0122 *** (-24.3101)
CSTFUN	0.0320 *** (47.8751)	0.0328 *** (43.0170)	-0.0051 *** (-7.7514)	0.0315 *** (47.9891)	0.0141 *** (36.2019)
OVERHEAD	0.0696 *** (7.6526)	0.4489 *** (63.2853)	0.5526 *** (60.1048)		0.0298 *** (8.1577)
LNTOTALA	0.0001 *** (7.9200)	0.0001 *** (4.2134)	-0.0001 *** (-19.1108)	0.0001 *** (2.6796)	-0.0001 *** (-10.6448)
CONSTANT	0.0001 (0.4716)	0.0001 *** (4.5996)	0.0001 *** (9.7916)	0.0001 *** (2.7620)	0.0001 *** (11.5244)
R^2	0.9484	0.917	0.8096	0.8222	0.5347
Adjusted R^2	0.9482	0.9168	0.8091	0.8218	0.5334
F-statistic	6698.409	4022.385	1551.938	1876.414	408.1413

表5.9(續)

	NMARGIN	NINTINC	PROF	OVERHEAD	LLPROV
Cross-sections	635	635	635	635	635
Observations	4368	4368	4368	4368	4368

註：括號內是t統計量值。*** 表示在1%檢驗水準下顯著，** 表示在5%檢驗水準下顯著，* 表示在10%檢驗水準下顯著。

5.3.4 金融發展水準、外資銀行進入與東道國銀行績效

在表5.10~表5.13針對東道國金融自由化程度對外資銀行進入與東道國銀行績效的影響的實證檢驗中，我們引入如下東道國金融發展水準指標分別與外資銀行數量占比（FBNUM）和外資銀行資產占比（FBASS）兩類衡量外資銀行進入程度的指標做交叉項進入模型5.2迴歸，對外資銀行進入後東道國銀行業的利息收入率（NMARGIN）、非利息收入率（NINTINC）、稅前利潤率（PROF）、間接費用率（OVERHEAD）和貸款損失準備比率（LLPROV）這5個指標的變化進行測度，對假設4進行檢驗。由於已有研究中東道國金融發展水準的衡量指標選擇存在較大差異，本部分選擇了私人部門信貸占GDP比重（PCGDP）和M_2占GDP比重（M_2GDP）兩個指標分別衡量東道國金融發展水準。

表5.10~表5.13的四個面板數據迴歸結果從總體上來看均較為理想，除了貸款損失準備比率（LLPROV）的R^2數值約為0.46~0.49略低外，其他指標作為因變量迴歸的R^2數值均在0.75~0.96，調整的R^2數值也與之類似。F統計量值在1%的檢驗性水準下均顯著，證明方程的整體顯著性均較高，各變量的t值也絕大多數通過了1%水準下的顯著性檢驗。

從表5.10的迴歸結果可以發現，外資銀行數量占比（FBNUM）變量與利息收入率（NMARGIN）、非利息收入率（NINTINC）具有顯著的正相關關係；外資銀行數量占比（FBNUM）與東道國金融發展水準（PCGDP）的交叉項，和利息收入率（NMARGIN）、非利息收入率（NINTINC）具有顯著的負相關關係，與上文結果保持一致。外資銀行數量占比（FBNUM）變量與稅前利潤率（PROF）變量系數顯著正相關；外資銀行數量占比（FBNUM）與東道國金融發展水準（PCGDP）的交叉項，和稅前利潤率（PROF）變量具有顯著的負相關關係。外資銀行數量占比（FBNUM）變量與營業費用率（OVERHEAD）顯著正相關；外資銀行數量占比（FBNUM）與東道國金融發展水準（PCGDP）的交叉項，和營業費用率（OVERHEAD）具有顯著的負相關關係，表明外資銀

行進入對東道國銀行的營業費用率的影響受東道國金融發展水準制約。外資銀行數量占比（FBNUM）和貸款損失準備率（LLPROV）負相關；外資銀行數量占比（FBNUM）與東道國金融發展水準（PCGDP），和貸款損失準備比率（LLPROV）正相關，說明外資銀行進入對東道國銀行風險管理效率的影響受其宏觀金融發展水準制約。

表 5.10　外資銀行進入（FBNUM）與東道國銀行績效：
東道國金融發展水準的影響 I

	NMARGIN	NINTINC	PROF	OVERHEAD	LLPROV
FBNUM	0.0002*** (17.4325)	0.0002*** (32.9319)	0.0001*** (6.0607)	0.0002*** (26.0554)	−0.0001*** (−8.4199)
FBNUM× PCGDP	−0.0001** (−2.2801)	−0.0001* (−1.9320)	−0.0001*** (−4.1975)	−0.0001*** (−3.9484)	0.0001 (0.8577)
GDPPC	−0.0001*** (−10.1260)	−0.0001*** (−25.3430)	0.0001*** (4.6934)	−0.0001*** (−18.3016)	−0.0001*** (−9.5838)
INFL	0.0018*** (42.3788)	0.0007*** (23.7032)	0.0005*** (18.6230)	0.0005*** (16.1046)	0.0001*** (8.7970)
REALI	0.0017*** (35.9735)	0.0007*** (20.4333)	0.0004*** (14.3233)	0.0004*** (10.9038)	0.0001*** (8.5971)
EQUITY	3.9102*** (11.9489)	4.3506*** (12.0410)	−1.3357*** (−2.9123)	6.5344*** (14.5850)	2.1308*** (10.4100)
NINTASS	−0.0232*** (−20.9762)	−0.0285*** (−28.4099)	0.0084*** (10.0889)	−0.0174*** (−18.6473)	−0.0078*** (−15.7852)
CSTFUN	0.0309*** (40.4194)	0.0309*** (39.1042)	−0.0029*** (−4.3328)	0.0285*** (40.1221)	0.0117*** (29.7600)
OVERHEAD	0.1872*** (18.5022)	0.5603*** (55.4780)	0.4966*** (53.4398)		0.0797*** (17.6659)
LNTOTALA	0.0001*** (15.1319)	0.0001*** (8.7929)	−0.0001 (−1.1806)	0.0001 (0.6895)	−0.0001*** (−9.5818)
CONSTANT	−0.0001*** (−10.4424)	0.0001 (1.4422)	−0.0001*** (−4.4229)	0.0002*** (5.7703)	0.0001 (10.3825)
R^2	0.8914	0.9561	0.7595	0.7517	0.4636
Adjusted R^2	0.8912	0.956	0.7589	0.7511	0.4623
F-statistic	3568.175	9464.908	1374.059	1463.546	365.7568

表5.10(續)

	NMARGIN	NINTINC	PROF	OVERHEAD	LLPROV
Cross-sections	635	635	635	635	635
Observations	4368	4368	4368	4368	4368

註：括號內是t統計量值。*** 表示在1%檢驗水準下顯著，** 表示在5%檢驗水準下顯著，* 表示在10%檢驗水準下顯著。

同樣，為使上文對假設4的檢驗結果更加穩健，我們分別採用外資銀行資產占比（FBASS）替代外資銀行數量占比（FBNUM）變量來對模型5.2進行檢驗，迴歸結果見表5.11；採用 M_2 占 GDP 比重（M_2GDP）作為東道國金融發展水準的另一個指標分別對衡量外資銀行進入程度的外資銀行數量占比（FBNUM）和外資銀行資產占比（FBASS）兩類指標做交叉項進入模型5.2，迴歸結果見表5.12和表5.13。從表5.11~表5.13的迴歸結果可以發現，採用外資銀行資產占比（FBASS）作為外資銀行進入程度變量的檢驗，及採用東道國金融發展水準指標（M_2GDP）對衡量外資銀行進入程度的交叉項進入模型5.2得出的實證檢驗結果與表5.10檢驗結果比較，除了個別變量的系數符號與顯著性水準有所差異以外，大多數變量的系數符號均與表5.10基本保持一致。通過以上分析，我們可以看出，發展中國家外資銀行進入對東道國銀行業效率的影響會受到東道國金融發展水準的制約，假設4得到驗證。

表5.11　外資銀行進入（FBASS）與東道國銀行績效：東道國金融發展水準的影響 I

	NMARGIN	NINTINC	PROF	OVERHEAD	LLPROV
FBASS	0.0002*** (20.4883)	0.0002*** (23.3717)	−0.0001*** (−0.3706)	0.0001*** (20.2586)	−0.0001*** (−4.5673)
FBASS×PCGDP	−0.0001 (−0.1719)	−0.0001 (−0.3310)	−0.0001*** (−3.1976)	−0.0001 (−0.2984)	0.0001*** (3.1175)
GDPPC	−0.0001*** (−14.0877)	−0.0001*** (−12.0592)	0.0001*** (9.2825)	−0.0001*** (−16.4534)	−0.0001*** (−10.2751)
INFL	0.0017*** (37.5156)	0.0008*** (24.4440)	0.0006*** (21.5478)	0.0005*** (14.4227)	0.0001*** (7.5692)
REALI	0.0016*** (31.5460)	0.0007*** (20.4197)	0.0005*** (17.4730)	0.0003*** (9.3718)	0.0001*** (7.3725)
EQUITY	4.6010*** (15.6228)	4.3298*** (11.1778)	−1.1722** (−2.4014)	6.6771*** (15.1679)	1.9080*** (8.7522)

表5.11(續)

	NMARGIN	NINTINC	PROF	OVERHEAD	LLPROV
NINTASS	−0.0251*** (−21.3503)	−0.0253*** (−22.1920)	0.0110*** (12.7270)	−0.0142*** (−13.9610)	−0.0073*** (−13.9579)
CSTFUN	0.0352*** (44.7330)	0.0276*** (30.1739)	−0.0047*** (−6.9797)	0.0287*** (38.3876)	0.0118*** (27.0918)
OVERHEAD	0.1162*** (10.9867)	0.5242*** (46.8073)	0.4854*** (50.0584)		0.0764*** (15.6625)
LNTOTALA	0.0001*** (23.9576)	0.0001*** (19.5151)	−0.0001*** (−4.6601)	0.0001*** (2.3397)	−0.0001*** (−14.1070)
CONSTANT	−0.0002*** (−16.3149)	−0.0001*** (−5.3961)	−0.0001*** (−3.0608)	0.0002*** (4.4632)	0.0001*** (14.3701)
R^2	0.9195	0.8967	0.8313	0.7594	0.4555
Adjusted R^2	0.9193	0.8964	0.8308	0.7588	0.454
F-statistic	4284.677	3252.262	1850.507	1317.542	305.5783
Cross-sections	635	635	635	635	635
Observations	4368	4368	4368	4368	4368

註：括號內是t統計量值。*** 表示在1%檢驗水準下顯著，** 表示在5%檢驗水準下顯著，* 表示在10%檢驗水準下顯著。

表5.12 外資銀行進入（FBNUM）與東道國銀行績效：東道國金融發展水準的影響 II

	NMARGIN	NINTINC	PROF	OVERHEAD	LLPROV
FBNUM	0.0001*** (14.0141)	0.0002*** (27.8276)	0.0001*** (4.7644)	0.0002*** (29.9243)	−0.0001*** (−5.8704)
FBNUM×M_2GDP	−0.0001 (−0.6738)	−0.0001*** (−11.7074)	0.0001*** (4.5392)	−0.0001*** (−12.4013)	−0.0001*** (−3.5776)
GDPPC	−0.0001*** (−9.4344)	−0.0001*** (−15.6511)	0.0001*** (4.3860)	−0.0001*** (−21.0507)	−0.0001*** (−8.9487)
INFL	0.0017*** (39.9354)	0.0007*** (23.5693)	0.0004*** (14.6383)	0.0004*** (14.7282)	0.0001*** (8.5764)
REALI	0.0016*** (34.8478)	0.0007*** (20.8300)	0.0004*** (11.9201)	0.0003*** (10.2121)	0.0001*** (8.3286)

表5.12(續)

	$NMARGIN$	$NINTINC$	$PROF$	$OVERHEAD$	$LLPROV$
$EQUITY$	3.9888*** (12.2700)	4.8041*** (12.7570)	−1.0144** (−2.2377)	6.6485*** (14.3873)	2.1895*** (10.5493)
$NINTASS$	−0.0219*** (−19.2070)	−0.0280*** (−28.6882)	0.0092*** (11.0866)	−0.0210*** (−24.3821)	−0.0085*** (−17.9279)
$CSTFUN$	0.0320*** (39.8510)	0.0309*** (39.9544)	−0.0022*** (−3.3814)	0.0318*** (49.6467)	0.0119*** (31.3175)
$OVERHEAD$	0.2004*** (19.1786)	0.5567*** (55.2674)	0.5090*** (54.7262)		0.0801*** (17.3728)
$LNTOTALA$	0.0001*** (14.7612)	0.0001*** (5.5792)	−0.0001*** (−3.2494)	−0.0001*** (−3.0746)	−0.0001*** (−10.7568)
$CONSTANT$	−0.0001*** (−9.6734)	0.0001*** (3.1161)	−0.0001*** (−3.0298)	0.0003*** (8.9538)	0.0001*** (10.8314)
R^2	0.8862	0.9037	0.7916	0.7968	0.4914
Adjusted R^2	0.8859	0.9035	0.7911	0.7964	0.4902
$F-statistic$	3384.732	4075.757	1652.798	1896.698	408.8304
$Cross-sections$	635	635	635	635	635
$Observations$	4368	4368	4368	4368	4368

註：括號內是t統計量值。*** 表示在1%檢驗水準下顯著，** 表示在5%檢驗水準下顯著，* 表示在10%檢驗水準下顯著。

表5.13 外資銀行進入（FBASS）與東道國銀行績效：東道國金融發展水準的影響 II

	$NMARGIN$	$NINTINC$	$PROF$	$OVERHEAD$	$LLPROV$
$FBASS$	0.0001*** (13.8674)	0.0002*** (24.4269)	−0.0001*** (−6.7108)	0.0001*** (21.1958)	−0.0001* (−1.9601)
$FBASS \times M_2GDP$	0.0001*** (4.0502)	−0.0001*** (−4.6945)	0.0001*** (4.9640)	−0.0001*** (−6.5377)	−0.0001* (−1.7855)
$GDPPC$	−0.0001*** (−21.7486)	−0.0001*** (−12.3147)	0.0001*** (17.1317)	−0.0001*** (−14.9082)	−0.0001*** (−10.7779)
$INFL$	0.0017*** (39.0071)	0.0008*** (24.9788)	0.0005*** (19.2519)	0.0005*** (17.5107)	0.0001*** (8.3795)

表5.13(續)

	NMARGIN	NINTINC	PROF	OVERHEAD	LLPROV
REALI	0.0016*** (33.4058)	0.0007*** (20.8082)	0.0005*** (16.6421)	0.0004*** (11.4755)	0.0001*** (8.1636)
EQUITY	3.8367*** (12.0643)	4.3049*** (11.2768)	−0.6862 (−1.4053)	7.9309*** (20.1110)	1.9369*** (8.9074)
NINTASS	−0.0238*** (−21.8985)	−0.0259*** (−22.9240)	0.0101*** (11.4768)	−0.0152*** (−15.6084)	−0.0081*** (−15.5356)
CSTFUN	0.0347*** (44.0080)	0.0279*** (30.8432)	−0.0047*** (−6.8733)	0.0289*** (43.8252)	0.0119*** (27.6946)
OVERHEAD	0.1626*** (15.0456)	0.5255*** (47.2501)	0.4954*** (49.7493)		0.0759*** (15.6622)
LNTOTALA	0.0001*** (24.2356)	0.0001*** (18.9233)	−0.0001*** (−8.3415)	0.0001*** (1.4338)	−0.0001*** (−11.8095)
CONSTANT	−0.0004*** (−20.0249)	−0.0001*** (−5.7713)	−0.0001*** (−3.2000)	0.0002*** (4.7771)	0.0001*** (12.1748)
R^2	0.9297	0.899	0.7661	0.7851	0.4648
Adjusted R^2	0.9295	0.8987	0.7655	0.7846	0.4633
F-statistic	4958.017	3334.433	1230.461	1524.743	317.2253
Cross-sections	635	635	635	635	635
Observations	4368	4368	4368	4368	4368

註：括號內是t統計量值。*** 表示在1%檢驗水準下顯著，** 表示在5%檢驗水準下顯著，* 表示在10%檢驗水準下顯著。

為了進一步驗證上述的結論的穩健性，在接下來的穩健性檢驗中剔除大樣本國家重新進行上述面板數據迴歸分析（653家樣本銀行中，俄羅斯銀行數量占比大於1/5，在穩健型檢驗中將俄羅斯銀行樣本剔出），考察樣本差別對迴歸結果是否存在系統性影響，發現上述迴歸結果除個別指標顯著性稍差外，各重要解釋變量的系數符號和顯著性與上文研究結論保持一致，可以認為上文研究結論是比較穩健的。由於篇幅所限，穩健性檢驗的結果未列出。

第四節　小結

總結上一節採用模型 5.1 和 5.2 對假設 1~假設 4 進行實證檢驗的迴歸結果，我們可以得出如下幾點結論：

第一，所有迴歸中外資進入程度變量（包括外資銀行數量占比（*FBNUM*）和外資銀行資產占比（*FBASS*））的系數絕大多數均較為顯著，通過了顯著性水準為 1% 的檢驗，表明外資銀行進入對東道國銀行績效的確產生了重要影響。從解釋變量的系數符號可以發現，發展中國家外資銀行進入程度的增加，提高了東道國銀行業的利息收入和非利息收入，提高了營業費用，對稅前利潤和貸款損失準備率的影響方向不確定。這些實證結果在一定程度上說明，在外資銀行進入的競爭效應和產權效應的影響下，東道國銀行的業務能力得到了提高，經營管理和公司治理效率得到了提升。所以我們認為，外資銀行進入促進了發展中國家銀行績效的提高，驗證了假設 1。

第二，所有面板數據檢驗結果中的兩類外資進入程度變量（*FBNUM* 或 *FBASS*）與利息收益率（*NMARGIN*）及非利息收益率（*NINTINC*）均具有顯著的正相關關係，也與 Hermes 和 Lensink[①] 的實證研究結果相似。說明發展中國家由於管制較多，且東道國銀行具有信息優勢及資源優勢，外資銀行進入後帶來的競爭加劇和為技術進步增加的成本提升效應，會通過利息與非利息收入轉嫁給國內消費者。同時，該結果也說明了，引入經營業務更加多樣化的外資銀行可以促進發展中國家銀行經營的多元化，增加非利息收入。

第三，外資進入程度變量（*FBNUM* 或 *FBASS*）與營業費用率（*OVERHEAD*）具有顯著的負相關關係，表明外資銀行進入使東道國引入先進服務理念、管理經驗以及產品開發與維護的技術，提升了經營管理效率，降低了營業費用率。外資進入程度變量（*FBNUM* 或 *FBASS*）與稅前利潤率（*PROF*）貸款損失準備率（*LLPROV*）的符號在不同迴歸結果中未能達成統一，說明外資進入在提高發展中國家銀行業市場競爭以降低其稅前利潤率和提高其風險管理水準方面的作用尚不顯著。

第四，模型中引入東道國特定市場環境（東道國經濟發展水準

---

① Hermes N, Lensink R. Foreign bank presence, domestic bank performance and financial development [J]. Journal of Emerging Market Finance, 2004, 3 (2): 207-229.

（*GDPPC*）、金融自由化程度（*FREEDOM*）、東道國金融發展水準（*PCGDP* 和 M_2GDP）)幾個交叉項分別進入模型5.2迴歸後，對外資進入程度變量（*FB-NUM* 或 *FBASS*）及控制變量係數的符號和顯著性均無明顯影響，絕大多數交叉項係數符號與外資進入程度變量符號相反，說明外資銀行進入對發展中國家銀行績效的影響確實受到東道國特定市場環境的制約。一般來說，外資銀行母國的經濟發展水準、金融自由化程度、金融發展水準越好，外資銀行進入後對東道國銀行業市場帶來的競爭作用與公司治理改善作用越強烈，對發展中國家銀行效率的提升作用越明顯，上述結論驗證了假設2~假設4。

第六章　外資銀行進入對中國銀行績效的影響與對策

　　本章介紹中國金融開放的歷程、外資銀行進入中國銀行業的現狀和對中國銀行績效的影響等情況。在對前文外資銀行進入對東道國銀行績效影響的微觀和宏觀作用機制的分析及實證檢驗基礎上，結合中國現實情況，為中國金融開放進程中如何通過銀行自身機制完善及相關配套監管措施建設提高中國銀行業績效提供相應對策建議。

第一節　外資銀行在中國的發展現狀

6.1.1　中國銀行業對外開放歷程

　　外資銀行進入中國的時間比較晚。1978 年 12 月黨的十一屆三中全會確定了中國改革開放的戰略方針，其後中國的銀行業作為中國經濟改革開放的一部分也開始採取謹慎的漸進開放政策。在這一背景下，1979 年，第一家外資銀行機構——日本輸出入銀行（Export Import Bank of Japan）經批准在北京設立代表處，拉開了外資銀行進入中國的序幕。在其後的二十多年發展中，外資銀行無論是在地域範圍還是在業務範圍上都被局限在一個相對狹小的空間上，服務對象也以在華的外資企業為主。2001 年 12 月，中國正式成為 WTO 成員方，按照加入 WTO 承諾，中國要在五年之內逐步開放國內金融市場，逐步取消對外資銀行經營的地域、客戶和業務方面的限制，於 2006 年底最終全面開放中國金融市場，對外資銀行實行國民待遇。加入 WTO 後，中國銀行業穩定的開放預期和適時的政策開放吸引了外資銀行的積極參與。在這五年的過渡期內，外資銀行在華發展迅猛。但是伴隨 2007 年次貸危機引起的國際金融危機的爆發，全球金融機構普遍面臨較大的困境，外資入股中資銀行的熱情也有所減

退，甚至出現了減持中資銀行股份的趨勢。隨著全球經濟逐漸復甦和中國進一步開放措施的實施，近幾年外資銀行在中國的發展也有所恢復。總的來說，中國銀行業對外開放從 1979 年至今大致經歷了如下四個階段：

第一階段：起始階段（1979—1991 年）

在這十幾年的時間裡，中國銀行業對外開放的總體戰略是通過外資銀行的進入引進外匯資金和改善對外資企業的金融服務，以創造更好的國內投資環境。1979 年，日本輸出入銀行在北京設立代表處，成為中國第一家外資銀行代表處。1981 年，南洋商業銀行（Nanyang Commercial Bank，NCB）在深圳設立分行，成為外資銀行在中國設立的第一家營利性機構。1982 年開始，中國批准經濟特區引入獨資或合資的外資性質金融機構，其後大約 40 多家外資金融機構在廈門、珠海、深圳、海南和上海等經濟特區設立辦事處。在中國吸引外商直接投資的對外開放方針的指導下，為適應經濟金融發展需要，中國穩步推進銀行業的對外開放，開放地域也逐步從經濟特區擴展到沿海城市和中心城市。截至 1993 年年底，外資銀行在中國 13 個城市設立了 76 家營利性機構，經營對外資企業和外國居民的外匯業務，資產總額達到 89 億美元。但由於當時中國市場經濟發展緩慢，金融體系不健全，這一階段外資銀行進入較為零散，分支機構主要為代表處，沒有大量的資本投入，其業務範圍較為狹窄，且速度增長緩慢。

第二階段：快速發展階段（1992—2001 年）

1992 年中國確立了發展社會主義市場經濟體制的改革目標，其後中國經濟體制改革取得突破性進展，加快了建立社會主義市場經濟體制的步伐，對外貿易全面發展，外商投資顯著增加，對外開放的總體格局基本形成。為進一步提高對外開放水準和改善投資環境，中國實施了相關政策，完善了涉外經濟法規，保持了外商來華投資的良好勢頭。外資銀行業務隨著外資企業在中國的迅速成長以及中資企業國際業務的發展而快速發展，其在華經營逐步進入法制化、規範化的發展軌道。1997 年亞洲金融危機爆發後，外資銀行在亞洲地區的發展趨於謹慎。為促進外資銀行在華發展，中國適時採取了一系列政策措施：批准深圳為繼上海之後第二個允許外資銀行經營人民幣業務的試點城市；允許外資銀行進入全國銀行間同業拆借市場，解決其人民幣業務資金來源問題；放寬外資銀行經營人民幣業務地域限制，允許上海市外資銀行將人民幣業務擴展到江蘇和浙江，允許深圳市外資銀行將人民幣業務擴展到廣東、廣西和湖南。在外匯貸款規模逐年收縮的同時，上述措施促進了外資銀行人民幣業務的發展。

第三階段：加速發展階段（2002—2006年）

自2001年12月11日中國正式成為WTO成員方後，隨著加入WTO承諾的履行，這一階段，中國銀行業對外開放發生了巨大變化。按照中國加入WTO承諾，要在五年之內逐步開放國內金融市場，現有的大部分對外資銀行經營的地域和業務範圍的限制將逐步取消，到2006年12月11日全面對外開放，在承諾基礎上對外資銀行實行國民待遇，取消對外資銀行的一切非審慎性市場准入限制。在這五年過渡期內，中國認真履行承諾，有序推進銀行業對外開放，在穩定的開放預期和適時的政策調整推動下，外資銀行在華加速發展。中國2002年相繼頒布了《中華人民共和國外資金融機構管理條例》①和《外資金融機構駐華代表機構管理辦法》②等，向外資銀行開放對所有客戶的外匯業務；逐步將外資銀行經營人民幣業務的地域從加入時的上海、深圳、天津、大連四個城市擴大到全國所有地區；逐步將外資銀行人民幣業務客戶對象從外資企業和外國人逐步擴大到中國企業和中國居民。同時，逐步放鬆對外資銀行在華經營的限制，取消對外資銀行人民幣負債不得超過外匯負債50%的比例限制；放寬對外資銀行在境內吸收外匯存款的比例限制；取消外資銀行在華經營的非審慎性限制，在承諾基礎上逐步給予外資銀行國民待遇③。在一系列政策的制定實施背景下，自2004年匯豐銀行入股交通銀行起，中國銀行、中國建設銀行等內資銀行都開始引進境外戰略投資者，中國銀行業進入了外資進入的高峰期。加入WTO五年來，在華外資銀行營利性機構從190家增加到312家，剔除機構合併等因素淨增加122家。

第四階段：全面開放階段（2007年至今）

雖然中國金融業在循序漸進中穩步推進對外開放，總體而言外資銀行在中國的市場份額仍然很低，外資銀行在各項業務中的占比仍較小。伴隨2007年美國次貸危機的爆發，外資金融機構母公司財務普遍較大的困境，同時受中國對外資銀行持股比例上限約束，疊加國內銀行業增長進入下行階段和外資機構戰略佈局調整等原因，2009年後外資入股中資銀行的熱情有所減退而出現了減持的趨勢。之後受2010年歐洲債務危機影響，外資銀行市場份額占比也出

---

① 中華人民共和國國務院令第340號《中華人民共和國外資金融機構管理條例》已經於2001年12月12日國務院第50次常務會議通過，自2002年2月1日起施行。

② 根據《中華人民共和國外資金融機構管理條例》的有關規定，中國人民銀行制定了《外資金融機構駐華代表機構管理辦法》中國人民銀行令［2002］第8號，2002年6月13日發布，自2002年7月18日起施行。

③ 付勝華. 中國銀行業對外開放現狀及政策建議［J］. 中央財經大學學報，2008（2）：47-52.

現下降趨勢。據統計，2011 年在華外資銀行佔比為 1.93%，2016 年卻下降為 1.29%，至 2017 年進一步降至 1.28%。由於金融業開放必須與實體經濟發展相匹配，目前中國已經進入高質量發展階段，此時進一步擴大金融開放是經濟高質量發展的客觀需要。隨著全球經濟逐漸復甦，2014 年 12 月 20 日《國務院關於修改〈中華人民共和國外資銀行管理條例〉的決定》公布，主動實施進一步開放措施，適當放寬外資銀行准入和經營人民幣業務的條件，為外資銀行的設立和營運提供更加寬鬆、自主的制度環境。① 根據原銀監會披露的數據，截至 2017 年年末，外資銀行在華營利性機構總數已達 1013 家，年均增速為 13%；總資產從 2002 年末的 3000 多億元增長到 3.24 萬億元，年均增長率約為 15%；外資銀行註冊資本比 2002 年末增長了 6 倍多；外資銀行累計實現淨利潤相當於 2002 年的 10 倍。② 在這一背景下，黨的十九大報告明確提出「要推進形成全面開放新格局」，可以預見中國未來在外資機構持股、設立機構和業務範圍等方面將進一步加大開放力度。2018 年 2 月銀監會發布了《中國銀監會關於修改〈中國銀監會外資銀行行政許可事項實施辦法〉的決定》，展現了中國擴大開放、簡政放權和加強審慎監管的理念。③ 2018 年 4 月，銀保監會又發布了《關於進一步放寬外資銀行市場准入相關事項的通知》，加快落實了放開外資銀行開展人民幣業務、衍生品交易業務等對外開放舉措。

6.1.2　在華外資銀行規模

目前，外資銀行在銀監會的鼓勵和引導下，繼續進入中國市場，在華外資銀行進一步穩健發展。外資銀行的總資產在中國的發展呈擴張態勢，但是從總量上看，外資銀行在中國銀行業所佔的比重很小。根據原銀監會的統計數據顯示，截至 2016 年年末，中國銀行業外資銀行營利性機構總計 1031 家，包括：14 個國家和地區的銀行在華設立了 37 家外商獨資銀行（下設分行 314 家）、1 家合資銀行（下設分行 1 家）和 1 家外商獨資財務公司；26 個國家和地區的 68 家外資銀行在中國設立了 121 家分行；44 個國家和地區的 145 家銀行在中國設立了 166 家代表處。外資銀行在中國 27 個省份的 70 個城市設立了營業機

---

① 國務院關於修改《中華人民共和國外資銀行管理條例》的決定（國令第 657 號），2014 年 12 月 20 日，http://www.gov.cn/zhengce/content/2014-12/20/content_9309.htm。
② 範佳慧. 四十年後，銀行業開放再升級 [N]. 國際金融報，2018-09-03.
③ 中國銀監會辦公廳關於《中國銀監會外資銀行行政許可事項實施辦法》修訂施行有關事項的通知（銀監辦發〔2018〕45 號），2018-02-13，http://www.cbrc.gov.cn/govView_F59D99DB233948FF9781B4F2ED28B1F9.html。

構。具體見表6.1。

表6.1 在華外資銀行業金融機構情況（截至2016年年末）

單位：家

	外資銀行	獨資銀行	合資銀行	財務公司	合計
法人機構總行		37	1	1	39
法人機構分行		314	1		315
外資銀行分行	121				121
支行	24	532			556
總計	145	883	2	1	1031

資料來源：中國銀行業監督管理委員會網站（https://www.cbrc.gov.cn/）。

外資銀行進入的數量增加，在中國銀行業中發揮了日益重要的作用。截至2016年年末，在華外資銀行資產總額為2.93萬億元，同比增長9.19%，為2003年的7倍多。2003—2016年在華外資銀行營業機構資產情況詳見表6.2。

表6.2 2003—2016年在華外資銀行營業機構資產情況

	銀行業金融機構 總資產（億元）	外資銀行 總資產（億元）	外資銀行總 資產占比（%）
2003	276,584	4160	1.5
2004	315,990	5823	1.84
2005	374,697	7155	1.91
2006	439,500	9279	2.11
2007	531,160	12,525	2.38
2008	631,515	13,448	2.16
2009	795,146	13,492	1.71
2010	953,053	17,423	1.85
2011	1,132,873	21,535	1.93
2012	1,336,224	23,804	1.82
2013	1,513,547	25,577	1.73
2014	1,723,355	27,921	1.62
2015	1,993,454	26,820	1.38
2016	2,322,532	29,286	1.29

資料來源：中國銀行業監督管理委員會網站（https://www.cbrc.gov.cn/）。

中國加入 WTO 之初，外資銀行主要以綠地投資（Greenfield Investment）[①]方式進入中國，但在 2006 年中國銀行業全面對外開放之後，伴隨中國經濟的加速發展，外資銀行以持股中國國內銀行方式的進入加速，逐漸超過了綠地投資成為新的主要方式。外資銀行入股國有商業銀行、股份制商業銀行、中國城市商業銀行的情況分別見表 6.3、表 6.4 和表 6.5。

表 6.3　外資銀行入股國有商業銀行情況

國內銀行	入股時間	國際投資者	持股數量（億股）	持股比例（%）
工商銀行	2005 年	高盛集團（Goldman Sachs）	241.85	10
		德國安聯保險集團（Allianz SE）		
		美國運通公司（American Express）		
中國銀行	2005 年	蘇格蘭銀行（Bank of Scotland）主導的財團	209.4	9.61
		瑞銀集團（United Bank of Switzerland，UBS）	3.38	1.55
	2005 年	淡馬錫旗下全資子公司亞洲金融控股公司（Asia Financial Holdings，AFH）	104.7	4.80
		亞洲開發銀行（Asian Development Bank，ADB）	0.5067	0.23
建設銀行	2005 年	美國銀行（Bank of America）	174.8	9.00
		淡馬錫旗下全資子公司亞洲金融控股公司（Asia Financial Holdings，AFH）	99	5.10
交通銀行	2004 年	匯豐銀行（The Hongkong and Shanghai Banking Corporation Limited，HSBC）	77.75	19.90

資料來源：根據各上市銀行年報及公開資料整理計算得到。

[①]　綠地投資又稱創建投資，是指跨國公司等投資主體在東道國境內依照東道國的法律設置的部分或全部資產所有權歸外國投資者所有的企業。如果跨國公司擁有先進技術或其他壟斷優勢，綠地投資可以使其最大限度保持優勢，占領目標市場。綠地投資會直接導致東道國生產能力、產出和就業增長。

表6.4　外資銀行入股股份制商業銀行情況

國內銀行	時間	國際投資者	持股數量	持股比例
光大銀行	1996年	亞洲開發銀行（Asian Development Bank, ADB）	0.92	3.29
興業銀行	2003年	香港恒生銀行（Hang Seng Bank）	6.39	15.98
		國際金融公司（International Finance Corporation, IFC）	1.6	4
		新加坡政府直接投資有限公司（Government of Singapore Investment Corp, GIC）	1.9995	5
浦東發展銀行	2003年	花旗集團（Citigroup Inc.）	1.81	4.62
民生銀行	2004年	淡馬錫旗下全資子公司亞洲金融控股公司（Asia Financial Holdings, AFH）	2.36	4.55
		國際金融公司（International Finance Corporation, IFC）	0.56	1.08
深圳發展銀行	2004年	美國新橋投資集團（Newbridge Capital）	3.48	17.89
	2005年	通用電氣消費者金融集團（General Electric: Consumer Electronics Group）	1.53	7.30
渤海銀行	2005年	渣打銀行（Standard Chartered Bank）	9.995	19.99
華夏銀行	2005年	德意志銀行（Deutsche Bank）	5.87	13.98
		薩爾·奧彭海姆銀行（Sal Oppenheim Group）		
廣發銀行	2006年	花旗集團（Citigroup Inc.）	22.8	20
中信銀行	2006年	西班牙畢爾巴鄂維茨卡亞對外銀行（Banco Bilbao Vizcaya Argentaria, BBAV）	15	5

資料來源：根據各上市銀行年報及公開資料整理計算得到。

表6.5 外資銀行進入中國城市商業銀行情況

國內銀行	時間	國際投資者	參股金額	持股比例(%)
上海銀行	1999年	國際金融公司（International Finance Corporation，IFC）	2億元人民幣	5
	2001年	匯豐銀行（The Hongkong and Shanghai Banking Corporation Limited，HSBC）	0.626億美元	8
	2002年	國際金融公司（International Finance Corporation，IFC）（增持）	0.25億美元	7
		上海商業銀行（香港）（Shanghai Commercial Bank）	1.95億元人民幣	3
西安銀行	2002年	國際金融公司（International Finance Corporation，IFC）	0.5376億元人民幣	12.5
		加拿大豐業銀行（Scotiabank）		12.4
南京銀行	2001年	國際金融公司（International Finance Corporation，IFC）	0.27億美元	15
	2005年	巴黎銀行（BNP Paribas）	1億美元	19.4
齊魯銀行	2004年	澳洲聯邦銀行（Commonwealth Bank of Australia）	0.25億澳元	11
重慶銀行	2006年	香港大新銀行集團（Dah Sing Banking Group Limited）	6.94億元人民幣	17
		美國凱雷投資集團（The Carlyle Group）	3.26億元人民幣	8
烏魯木齊銀行	2006年	巴基斯坦哈比卜銀行（Habib Bank Ltd，HBL）		20
天津銀行	2005年	澳新銀行（Australia and New Zealand Banking Group Limited，ANZ）	1.2億美元	19.9
南充商業銀行	2005年	德國投資與開發公司（German Investment and Development CO.，DEG）	300萬歐元	10
		德國儲蓄銀行（Stadt Sparkasse）國際發展基金	100萬歐元	3.3
杭州銀行	2005年	澳大利亞聯邦銀行（Commonwealth Bank of Australia）	1億澳元	19.9
北京銀行	2005年	荷蘭國際集團（Internationale Nederlanden Group，ING）	22.27億元人民幣	20
		國際金融公司（International Finance Corporation，IFC）		5

表6.5(續)

國內銀行	時間	國際投資者	參股金額	持股比例（％）
寧波銀行	2006年	新加坡華僑銀行（Oversea-Chinese Banking Corporation，OCBC）		12.2
上海農商銀行	2007年	澳新銀行（Australia and New Zealand Banking Group Limited，ANZ）	5.68億澳元	20

資料來源：根據各上市銀行年報及公開資料整理計算得到。

從表6.3外資銀行入股國有商業銀行情況可見，在中國國有銀行中，除了農業銀行外都引入了境外金融機構戰略投資者。這一結果也來源於中國國有商業銀行股份制改革的推進和中國對外資進入限制的逐漸放開。從表6.4中可以發現資產規模適中、資產質量較好、盈利能力較強的國內股份制商業銀行是外資入股早期的主要目標。從表6.5可以看出外資在參股的中國城市商業銀行中股份持有較多、參股時間往往較長，部分外資銀行在經營過程中擁有較多話語權。目前，中國國有商業銀行、股份制商業銀行和城市商業銀行等各類銀行都引入了境外戰略投資者，外資銀行投資對象的類型呈現多樣化發展。

6.1.3 外資銀行在華業務策略

外資銀行擁有先進的管理經驗和全能型的人才，能為客戶提供「一對一」的理財服務，所以各主要外資銀行都把個人理財業務作為自己在華業務拓展的重點。隨著人民幣業務的逐步放開，外資銀行在這方面的競爭優勢就會逐漸顯露出來。

外資銀行擁有強大的資本實力、優良的資產以及發達的全球分支機構和客戶網絡，在外匯業務方面具有天然的優勢。自1982年外資銀行營利性機構進入中國以來，外匯業務一直是其主打業務，也是中國監管當局首先放開的業務。目前外資銀行資產僅占中國境內銀行業總資產的2.4％左右，而其辦理出口結算業務則佔內地市場份額的40％以上。同時，外資銀行能夠將產品的期限、風險結構和不同的收益率結合起來考慮，提供多樣的產品供客戶選擇；而外資銀行先進的技術和管理優勢，也使得他們在產品的創新能力方面明顯優於中資銀行。另外，人民幣利率市場化和匯率彈性化，使得人民幣利率風險和匯率風險凸顯，導致對利率風險和匯率風險進行規避的金融衍生品等複雜金融交易工具的需求日益增加。外資銀行市場化程度很高，累積了很多有關金融衍生品交易的經驗，有明顯的競爭優勢。

6.1.4 外資銀行在華發展趨勢

自 2001 年中國加入 WTO 至今，外資銀行在中國已經經過了十幾年的發展，外資銀行總資產占國內銀行總資產比重逐年增加，其本外幣存貸款業務量逐年上升。根據原銀監會數據顯示，截至 2016 年年末，在華外資銀行資產總額 2.93 萬億元，負債總額 2.56 萬億元；各項貸款餘額 1.1 萬億元，各項存款餘額 1.66 萬億元；金融衍生品業務規模 9.84 萬億元，實現淨利潤 127.97 億元；不良貸款率 0.93%，流動性比例 67.11%。依照目前國內經濟發展和相關政策的趨勢，以及國際經濟發展的大背景，我們預計中國境內外資銀行未來將會呈現如下發展趨勢：

第一，積極拓展銀行零售業務。銀行零售業務（Retail Banking）是指銀行機構向居民個人、家庭、中小企業提供的金融活動，包括存取款、貸款、結算、匯兌、投資理財等各類業務。相對於批發業務而言，零售業務具有如下特點：單筆規模小、風險分散、收益穩定；客戶群體龐大、易於發展中間業務；屬於資本節約型業務。本來銀行零售業務一直是外資銀行的強項，但目前在中國市場的發展現狀卻不容樂觀。首先，外資銀行營業網點相對於中資銀行來說非常少，網點數量少導致外資銀行的利潤必然受到影響。其次，外資銀行的主要業務在外幣，而國內消費者還是以人民幣消費為主，國內銀行卡在對外幣種兌換方面業務也很全面，外資銀行競爭優勢並不明顯。再次，外資銀行雖然進入中國多年，但是沒有客戶市場的累積，吸儲能力遠低於中資銀行。

第二，多元化加快網點佈局速度。外資銀行在取得人民幣經營權後不會建立龐大的機構網點體系，而更多地通過網上銀行、ATM、24 小時自助銀行、支行等多種形式提高營業網點的覆蓋面，並利用資本優勢和自身經營管理經驗，通過併購方式進入市場以降低成本、提高在華競爭力。內資銀行在全國機構佈局和營業網點設置上具有外資銀行無法比擬的本土優勢。在這一環境下，外資銀行發展網上銀行業務，將是外資銀行爭奪國內客戶最快、最有效的途徑。外資金融機構與中資商業銀行開展的資本合作一般可分為直接參股合作和就某項產品開展資金合作兩大類。

第三，致力於開拓中間業務。中、外資銀行不僅在傳統業務上進行日趨激烈的競爭，還將開展中間業務如結算、代理、個人理財業務等。部分外資銀行申請開辦了國債承銷、保險託管、基金託管和代理保險業務，以及根據客戶需要推出的電子旅行支票、商業票據保管、緊急備用現金服務等產品。外資銀行實施的大客戶戰略，除給予客戶直接放貸外，還通過授信額度對發生於大客戶

與其供應商、買方之間的應收帳款予以保理，從而形成了很強的捆綁效應。外資銀行目前理財產品的發展不盡如人意，難與中資銀行抗衡。大部分外資銀行的理財產品說明書非常晦澀難懂，普通投資者望而卻步，且外資銀行理財產品的運行方式與中資銀行大不相同，長期適應中資銀行理財產品的客戶並不能很好地評估風險。所以未來在理財產品市場上，外資銀行還必須致力於開發更多符合中國投資者需求的品種並設立專門機構提供理財服務。

第四，爭奪中資銀行的客戶和人才。外資銀行進入中國最初的目的是跟隨客戶，為其母國企業客戶提供更便利的金融服務。但是外資銀行進入一國的最根本目的是爭奪利潤，隨著外資銀行在中國發展迅速，他們將不再局限於服務外資公司客戶，而擴展到優質中資公司和誠信度高的優質高端客戶。隨著外資銀行經營地域和業務範圍的擴大，其銀行經營管理人員的本土化傾向也將加強，此時外資銀行對中國優秀金融管理人才和金融從業人才的爭奪都將日趨激烈，中資銀行也不可避免地面對高端金融人才流失的挑戰。

第二節　中外資銀行績效比較

經過多年的發展佈局，外資銀行在中國已經形成較為成熟的經營戰略，逐漸融入中國金融市場，雖然目前其資產規模在國內銀行業中所占比例仍然很小，但是他們的競爭力不容小覷。通過上文理論及實證研究結論就可發現，外資銀行對中國商業銀行經營效率的影響將會逐漸加大。

6.2.1　主營業務分析

與國內商業銀行相比，外資銀行在總資產和本外幣存貸款總量上落後，但是其主要業務的市場份額增長速度更快。外資銀行總資產數額自2003年的4160億元增長至2016年的29,286億元，市場增長率為16.2%；總負債數額自2003年的3751億元增長至2016年的25,566億元，年均增長率為15.9%。具體情況見表6.6和圖6.1。

表 6.6　2003—2016 年外資銀行在中國銀行業的總資產和負債變化

年份	銀行業金融機構總資產（億元）	外資銀行總資產（億元）	外資銀行總資產占比（%）	銀行業金融機構總負債（億元）	外資銀行總負債（億元）	外資銀行總負債占比（%）
2003	276,584	4160	1.5	265,945	3751	1.41
2004	315,990	5823	1.84	303,253	5329	1.76
2005	374,697	7155	1.91	358,070	6530	1.82
2006	439,500	9279	2.11	417,106	8532	2.05
2007	531,160	12,525	2.38	500,763	11,353	2.27
2008	631,515	134,48	2.16	593,614	12,028	2.03
2009	795,146	13,492	1.71	750,706	11,818	1.57
2010	953,053	17,423	1.85	894,731	15,569	1.74
2011	1,132,873	21,535	1.93	1,060,779	19,431	1.83
2012	1,336,224	23,804	1.82	1,249,515	21,249	1.70
2013	1,513,547	25,577	1.73	1,411,830	22,896	1.62
2014	1,723,355	27,921	1.62	1,600,222	24,832	1.55
2015	1,993,454	26,820	1.38	1,841,401	23,298	1.27
2016	2,322,532	29,286	1.29	2,148,228	25,566	1.19

數據來源：根據中國銀行業監督管理委員會網站（https://www.cbrc.gov.cn/）數據整理計算而得。

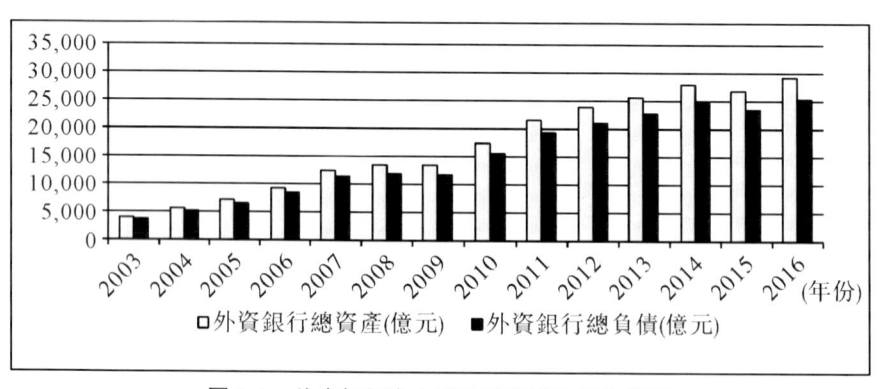

圖 6.1　外資銀行在中國的總資產和總負債額

數據來源：根據中國銀行業監督管理委員會網站（https://www.cbrc.gov.cn/）數據整理計算而得。

但從表 6.6 和圖 6.2 中我們也應看到外資銀行在中國銀行業的占比仍然較

低，特別是受 2007 年次貸危機引起的國際金融危機和其後的歐債危機影響，部分外資銀行在持股到期後進行了減持。同時國內銀行業發展提速引起了銀行業總資產和負債規模持續上升，導致外資銀行在總資產和總負債額上升的情況下，總資產和總負債額占比均呈現下降趨勢。

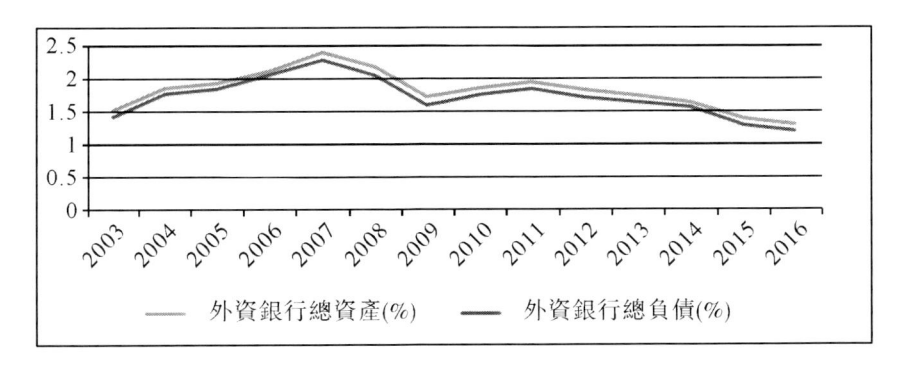

圖 6.2　外資銀行在中國的總資產和負債占比

數據來源：根據中國銀行業監督管理委員會網站（https://www.cbrc.gov.cn/）數據整理計算而得。

6.2.2　盈利能力比較

商業銀行的經營目的就是實現盈利最大化。為了使不同規模的銀行的盈利能力具可比性，這裡主要考慮銀行盈利的相對性指標，而非絕對數。因此，選取不良貸款率、資產利潤率和流動性比率來考察中資銀行和外資銀行的盈利能力。從表 6.7 中可以看出，中國銀行業的整體資產利潤率水準仍然較低。其中，大型商業銀行在這一比率上表現最好，為 1.11%，不僅好於農村商業銀行，也高於股份制商業銀行和城市商業銀行。外資銀行和民營銀行的這一比率最低。外資銀行 2017 年平均資產利潤率只有 0.5%，這反應出外資銀行在盈利能力方面還存在較大的競爭劣勢。由於外資銀行受到業務種類、業務對象及資金來源的種種限制，其盈利能力並未像其母國總行那樣，體現出較強的競爭優勢。從不良貸款率指標來看，外資銀行和民營銀行的不良貸款率最低，風險控制能力最強；國內的大型商業銀行、股份制商業銀行和城市商業銀行的不良貸款率均較高，大約是外資銀行的 2 倍；而農村商業銀行的不良貸款率最高，約為外資銀行的 3 倍。從流動性比率指標來看，民營銀行和外資銀行的流動性比率最高，其流動性管理能力最強；股份制商業銀行、城市商業銀行和農村商業銀行流動性比率均較低，而大型商業銀行最低。

表 6.7　2017 年中資銀行與外資銀行的盈利能力比較

時間/指標		大型商業銀行	股份制商業銀行	城市商業銀行	民營銀行	農村商業銀行	外資銀行
一季度	不良貸款餘額（億元）	7898	3593	1608	6	2589	101
	不良貸款率（%）	1.64	1.74	1.5	0.64	2.55	0.89
	資產利潤率（%）	1.15	0.97	0.94	0.88	1.19	0.56
	撥備覆蓋率（%）	166.36	175.22	216.01	474.81	194.6	256.77
	資本充足率（%）	14.14	11.92	12.29	21.54	13.26	18.42
	流動性比例（%）	46.07	51.03	52.55	79.23	51.52	60.59
	淨息差（%）	1.99	1.85	1.97	4.95	2.66	1.63
二季度	不良貸款餘額（億元）	7872	3701	1701	8	2976	100
	不良貸款率（%）	1.6	1.73	1.51	0.7	2.81	0.85
	資產利潤率（%）	1.15	0.94	1.09	1.09	1.09	0.49
	撥備覆蓋率（%）	168.02	175.52	211.81	466.46	179.91	265.81
	資本充足率（%）	13.94	11.95	12.2	23.38	13.21	17.87
	流動性比例（%）	48.03	50.13	51.71	99.56	51.12	62.41
	淨息差（%）	2.02	1.83	1.95	4.86	2.77	1.67
三季度	不良貸款餘額（億元）	7714	3887	1765	8	3238	92
	不良貸款率（%）	1.54	1.76	1.51	0.6	2.95	0.76
	資產利潤率（%）	1.12	0.91	0.88	0.9	1.06	0.48
	撥備覆蓋率（%）	175.22	173.43	216.2	555.93	177.57	288.65
	資本充足率（%）	14.17	12.06	12.29	24.98	13.37	17.71
	流動性比例（%）	47.66	49.82	50.35	106.98	51.32	63.93
	淨息差（%）	2.05	1.84	1.94	4.39	2.83	1.7

表6.7(續)

時間/指標		機構					
		大型商業銀行	股份制商業銀行	城市商業銀行	民營銀行	農村商業銀行	外資銀行
四季度	不良貸款餘額（億元）	7725	3851	1823	8	3566	85
	不良貸款率（%）	1.53	1.71	1.52	0.53	3.16	0.7
	資產利潤率（%）	1.02	0.83	0.83	0.76	0.9	0.48
	撥備覆蓋率（%）	180.45	179.98	214.48	697.58	164.31	296.88
	資本充足率（%）	14.65	12.26	12.75	24.25	13.3	17.83
	流動性比例（%）	48.1	50.78	51.48	98.17	53.14	66.8
	淨息差（%）	2.07	1.83	1.95	4.52	2.95	1.71

註：1. 外資銀行資本充足率不含外資銀行分行。

2. 2014年二季度起，工商銀行、農業銀行、中國銀行、建設銀行、交通銀行和招商銀行等六家銀行經核准開始實施資本管理高級方法，其餘銀行仍沿用原方法。

資料來源：中國銀行業監督管理委員會，2017年商業銀行主要指標分機構類情況表（季度），2018-02-09，http://www.cbrc.gov.cn/chinese/home/docView/6DA3A155780840C3A81BA162CE67CFDE.html。

6.2.3 業務戰略分析

從外資銀行在中國近年來的發展特點來看，外資銀行的業務主要集中在外匯業務、部分人民幣業務和中間業務上，其核心產品主要集中在個人理財、外匯資金、外匯存貸、消費信貸、信用卡、企業現金管理、證券、國際清算結算等品種上。從未來的發展趨勢看，由於在中國市場的網點佈局存在不足，受信息獲取成本較高的制約，外資銀行的業務發展戰略將集中於以下幾個領域：

6.2.3.1 中間業務

從國內商業銀行的現狀來看，中間業務在全部業務中占比依然較低，對利潤的貢獻也有限。從中國公布上市銀行的年報公布數據可知，即使是中間業務收入在營業收入中所占比例最高的招商銀行，其比例也遠低於外資銀行在母國的總行。對於國內商業銀行來說，目前仍以傳統的存貸款業務作為主要的利潤來源，與國際大銀行相比，中間業務的開展普遍不足，缺乏金融創新。在目前利率市場化的背景下，中國境內中資銀行與外資銀行的中間業務利潤都存在很大的上升空間。

6.2.3.2 外匯業務

自外資銀行營利性機構進入中國金融市場以來,外匯金融業務一直是其主打業務,也是中國金融監管當局首先開放的業務。外匯業務(Foreign Exchange Business)主要包括外匯存貸款業務和國際結算業務。外資銀行在華外幣存款業務發展良好,雖然在總量上落後於國內銀行,但是其增速超過了國內銀行,四大商業銀行的外幣存款甚至呈負增長。但是外資銀行的外幣貸款業務發展不如外幣存款業務,主要是因為外匯貸款核算上的變化,更有外資銀行減少信貸投放、進行呆壞帳核銷的因素。

6.2.3.3 人民幣業務

在金融市場完全開放之前,外資銀行經營中資企業的人民幣業務(RMB Business)還受到限制,主要依靠外資企業及非居民的人民幣存款,另外就是同業借款和同業拆借。由於資金來源的限制,對於人民幣業務,外資銀行會精心選擇。外資銀行的人民幣存貸款業務增幅迅速,皆高於國內商業銀行。隨著外資銀行在中國享受「國民待遇」,國內金融市場允許外資銀行經營人民幣零售業務,外資銀行也在將目標逐漸從外匯業務轉向人民幣業務。

第三節 外資銀行進入影響分析

6.3.1 積極影響

自中國加入WTO並承諾逐步取消外資銀行經營人民幣業務的各項限制起,中國銀行業迎來了向外資銀行全面開放的新時期,外資銀行的進入加劇了中國銀行業的行業競爭。面對日趨激烈的市場競爭環境,中國銀行業內各種所有制屬性銀行的經營效率、管理能力和公司治理水準都亟待提高。包括四大國有銀行在內的中國商業銀行都陸續進行了股份制改造,並致力於建立明晰的產權制度、多元化的股權結構和完善的法人治理機制。金融發展的本質是制度創新。從總體來說,外資銀行在中國的經營運作,對中國金融市場的發展會產生一定的示範、溢出效應。[1]

第一,強化中國銀行業的競爭機制。新制度經濟學認為,競爭是使組織充滿活力的源泉。改革開放前,中國銀行業市場結構基本上是完全壟斷市場。

---

[1] 張宗益,宋增基. 境外戰略投資者持股中國上市銀行的效果研究 [J]. 南開管理評論, 2010, 13 (6): 106-114.

1986年後，隨著央行地位的確立、國有銀行商業化的改革，打破了獨家壟斷，業務範圍管制逐步放開，但銀行業在經營管理、業務範圍、市場信息、技術服務等方面還比較落後，各銀行業間的競爭還十分有限。加入WTO後，外資銀行大量進入中國，這些外資銀行大多是國際跨國銀行，他們擁有充足的資金實力、先進的管理經驗、高水準的服務效率和卓越的商業信譽，這些必然對中國商業銀行產生強大的競爭壓力，刺激中國銀行業改革的深化，加速中國銀行業向商業化的轉軌，提高整個銀行業的效率。從原銀監會數據可知，外資銀行進入中國後，特別是中國2001年12月加入WTO後，中國銀行業資本充足率達標的銀行機構數顯著增加，銀行體系競爭程度得到提高。外資銀行通過參股中資銀行、爭奪優質企業客戶、發展表外業務和搶奪人民幣業務等方式與國內銀行形成競爭。[①] 國內學者從外資銀行參股國內銀行帶來的競爭壓力和外資銀行進入產生的制度衝擊的角度，對外資銀行的進入對中國銀行業的影響進行分析，認為外資銀行的進入將對中國的銀行業帶來挑戰，國內銀行亟需改革和提高經營水準。[②] 近年來，在外資戰略投資者進入的競爭作用下，中國國內銀行的淨息差提高，同時國內銀行的間接費用和問題貸款額下降，資產回報率和貸款損失準備金指標沒有顯著變化，國內銀行的財務績效總體有所上升。

　　第二，向中國傳播先進技術。外資銀行擁有現代化經營管理理念和產品設計及風險控制技術，在進入中國市場的過程中，起到了激勵中國銀行不斷增強競爭力的作用。外資銀行進入中國帶來了先進的技術、服務、產品和管理經驗，作為同行的國內銀行通過模仿可以更快掌握先進的銀行業務技術，提高資金使用效率。特別是外資銀行直接參與本國銀行的經營活動，將對中國銀行產生示範效應。金融產品的開發成本一般較大，由於其特殊性，又極易被模仿，國內銀行應注重自身定位，加快學習和提高產品創新能力，通過模仿外資銀行的金融產品特性，開發具有中國特色的金融產品，從而節約成本。

　　第三，為中國銀行業發展培養大量優秀人才。外資銀行全面進入中國，勢必擴大營業規模，將吸收大批人力。外資銀行進入還將通過多種渠道提高中國銀行體系的人力資本質量，通過外資銀行分支機構的高技術管理者的選派和外資銀行機構對當地員工的培訓方式，為中國培養銀行業發展的後備力量。

　　第四，優化中國的資源配置、加速資本累積。外資銀行的進入，可以加強

---

① 韓繼雲. 在華外資銀行新的發展戰略及中資銀行應對措施 [J]. 國際貿易，2006 (9)：38-44.

② 王鵬飛，曹廷求. 外資銀行對中國的影響及其對策：基於國際經驗的分析 [J]. 經濟與管理研究，2005 (9)：46-50.

國內金融仲介的競爭,提高金融仲介的效率,進而推動銀行體制的改革,加快中國金融業的國際化進程;還有助於推動中國金融市場的完善和發展,促進融資機制的轉變;也有利於促進經濟增長。但與此同時,也使得中國的金融監管和貨幣政策調控難度加大①。中國可以利用外資銀行的資金優勢、信息優勢和技術優勢,來發揮本國的資源配置潛能,提高資源的使用效率。同時,外資銀行的進入為中國提供了更好的獲得國際資本的渠道。

第五,提高中國金融監管能力。外資銀行的進入,短期內降低了國有銀行的盈利,但是可以通過金融創新提供新的金融產品,還能形成的更具競爭性的氛圍,刺激國內銀行更快地提高效率,完善自身金融功能,從而促進經濟增長。而外資銀行的競爭策略也有利於發現中國現有的金融監管的漏洞和不足,促進中國提高監管水準,建設一個積極而富有成效的法律體系和監管框架②。外資銀行的進入對中國金融監管提出了新的課題,中國需要不斷發展銀行監管和完善法律的框架,包括更有效的信息披露機制和漸穩完善的金融法律框架、政策可信度的提高以及體系風險性的降低和流動性的上升等。

6.3.2 消極影響

第一,對中資銀行的業務形成衝擊。從業務上來看,在傳統存貸款業務上,無論存款還是貸款品種,中資銀行均遠遠不及外資銀行。外資銀行廣泛的業務範圍和豐富的投融資品種將搶奪中資銀行的許多業務。上文的理論與實證分析已經說明外資銀行的業務能力非常強,發展增速迅猛。外資銀行對優質客戶和人才的爭奪也將削弱中資銀行的盈利能力。外資銀行的目標客戶是跨國公司、國有企業、政府機構和公用事業公司等潛在的優良客戶。一方面這些優良客戶可能會「易主」,使中資銀行增加出現不良資產的可能性,降低盈利能力;另一方面又將增大中資銀行維持與開拓優質客戶的難度,增加成本。對人才的競爭則在很大程度上決定著一家銀行的經營管理水準與競爭力,進而影響其盈利能力。

第二,引起國內銀行體系的不穩定。由於銀行存在逆向選擇和道德風險問題,外資銀行進入與東道國存款市場的競爭可能會加劇銀行體系的脆弱性。首先,外資銀行進入造成國內金融機構的盈利能力大幅度下降,國內銀行的經營

---

① 邊緒奎,張秋菊. 外資銀行進入中國的經濟效應及其分析對策初探 [J]. 財經問題研究,2002 (3): 40-42.
② 金學群. 加入 WTO 後外資銀行的競爭策略及其影響 [J]. 國際金融研究,2003 (8): 62-65.

風險日益暴露。面臨經營狀況的惡化，國內銀行可能被迫開拓新的業務領域以尋求新的利潤來源，但由於其自身實力有限，他們往往很難把握這些新型業務的風險，反而可能會進一步惡化其經營狀況，加大其經營風險。其次，國內銀行大多有國家政府擔保，很可能將更加積極地從事一些具有高收益高風險的金融業務，而不顧及其業務的安全性，可能對金融體系的穩定性造成嚴重威脅。

第三，削弱貨幣政策的效果。外資銀行進入增加了中央銀行準確界定貨幣與信貸總量的困難，特別是中國人民幣業務的限制放開以後，將變得愈加明顯。貨幣政策調控的難度加大，貨幣政策的效應弱化。①外資銀行進入中國貨幣市場將可能強化國際金融市場波動傳導機制，這將進一步加大中央銀行的調控難度；②由於外資銀行可以在國際金融市場上進行低成本融資，中央銀行對資本流動風險控制的難度加大；③隨著對外資銀行經營外匯業務和人民幣業務的客戶限制的取消，人民幣在資本項目下的可自由兌換的限制將最終取消，導致國際資本（尤其是短期遊資）的流出、流入將更加頻繁，從而加大中央銀行對資本流動風險控制的難度；④在短時間內外資銀行大規模進入後，將增加人民幣匯率變動的不確定因素，使中國維持匯率穩定的難度上升；⑤金融開放程度的增加，由三元悖論（Mundellian Trilemma）① 理論可知，將會導致中央銀行貨幣政策宏觀調控的政策有效性有所減弱。

第四，給中國當局監管帶來了巨大的挑戰。外資銀行進入使得國內金融業複雜化，金融監管難度將加大。中國的監管體系還不健全，一些質量低下的外資銀行可能趁機進入，危及中國金融體系的穩定。再者，外資銀行進入帶來的金融創新使銀行體系不穩定性和系統性風險進一步增加，使央行對這一體系的金融監管更為困難，導致謹慎性監管成本大幅增加，監管效率有所降低。

第四節　中國銀行業引入外資銀行的對策分析

為了充分發揮外資銀行對中國銀行績效的促進作用，要創造良好的銀行外部經營環境，鼓勵外資銀行進入中國銀行業市場，同時中資銀行也要正確處理與外資銀行的關係。

---

① 三元悖論，也稱三難選擇（The Impossible Trinity），其含義是：在開放經濟條件下，本國貨幣政策的獨立性（Monetary Policy）、固定匯率（Exchange Rate）、資本的自由進出（Capital Mobility）不能同時實現，最多只能同時滿足兩個目標，而放棄另外一個目標來實現調控的目的。

6.4.1 利用外資參股優化股權結構

國內股份制商業銀行自誕生之日起就採用了現代企業制度的形式，但就其目前的運行狀況來看仍然有外部監督機制不健全、內部人控制的現象存在，國有股、法人股一股獨大的現象十分嚴重，即使是上市公司也不例外。這固然有外部的經濟環境的原因，但股份制商業銀行自身營運中的責任也不容推卸。要提高自己的競爭能力，就必須優化股權結構，完善公司內部治理。進行廣泛的、大力度的內部運作機制重組，盡快建立真正意義上的現代企業制度並與國際接軌。外資參股則可以為這種全面重組提供專業技術和服務。國內股份制商業銀行則可以通過積極引進參股，向外資出讓部分股權，以獲得外資對其的股權優化，完善治理結構，迅速構築起自身核心競爭力。

中國股份制商業銀行具有對本地市場的深刻認識，具備國內市場的分銷能力和人民幣資金來源方面的絕對優勢，這也保證了在中國國內市場上股份制商業銀行仍將在傳統的銀行產品和服務方面保持領導地位。而外資之所以意欲參股國內股份制商業銀行，也就是因為通過參股股份制商業銀行可以集中發展其具有相對優勢的業務，特別是新產品的開發和創新，並且能將其產品的專業能力和股份制商業銀行的分銷渠道、人民幣規模相結合，以更為有效地對目標客戶和產品領域進行滲透，擴大其在中國市場的業務份額。外資一旦參股股份制商業銀行或其他商業銀行，就可以利用他們的營業渠道迅速開展業務，擴大市場份額。為此，我們的股份制商業銀行要充分地認識到這一點，認識到我們自己的優勢，發揮優勢，積極吸引外資參股，利用外資參股帶來的技術優勢、管理優勢和品牌優勢，不斷發展壯大自己，迅速構築起自身的核心競爭力。

在這種背景下，引入外國機構投資者的優勢在於：引入了戰略投資者，改善銀行的公司治理結構，學習其先進的管理經驗和專業知識。但是，外資的積極作用還未得到充分發揮。由於中國銀行業引進戰略投資者的時間較短，外資的積極效應可能還沒有完全發揮出來。同時，由於我們的觀察樣本較小，數據較少，實證結果不具備完全的代表性，境外戰略投資者對中國銀行業的影響還有待我們進一步的考察。理論分析和實證結果均表明，境外戰略投資者在一定程度上促進了中國銀行績效的提高，有利於中國金融業的穩定發展。

此外，隨著國內利率市場化和人民幣可兌換進程的深化，規避利率風險、匯率風險等市場風險的需要將日益增加，必將導致以人民幣為標的的衍生金融產品的發展。而外資參股後則可以提供新產品開發和創新的先進技術，以及訓練有素、經驗豐富的從業人員。股份制商業銀行則可以借此吸取外資的先進經

驗，把握國內市場銀行產品創新的發展機遇，培養和充實其開展經營活動的能力。而這些正是股份制商業銀行構築核心競爭力所必備的。因此，我們要抓住機遇，發展自己，積極利用外資銀行參股的機遇，迅速構築起自身的核心競爭力，去迎接更為艱鉅的競爭和挑戰。

6.4.2 維持國有銀行的國家控股地位

雖然已有國內外大量研究認為國有銀行是相對低效的，但也不能因此一概而論，認為國有銀行一無是處。銀行業涉及國家金融安全，產權改革是重要的，但對於外資入股的作用要客觀分析。同時，還需要提高銀行的透明度，加強審慎監管，充分發揮市場紀律的作用，改革才能取得理想效果。一些西方學者有意貶低國有銀行的作用，片面鼓吹外資收購國有銀行的優點。例如認為如果國家目標是建立一個有效率的市場經濟，那麼減少政府對信貸配置的影響是非常重要的，應該推進國有銀行的私有化，假如政府保持部分產權，他應該是被動的投資者，① 在中國銀行改革開放進程中我們也應審慎對待類似觀點。

中國國有商業銀行股份制改革的股權結構安排主要有兩種選擇：一是絕對控股即國有股權在全部商業銀行股本中的比重超過50%；二是相對控股即國有股權在全部商業銀行股本中的比重低於50%，但由於股權分散化，國有股權在實際上保持控股地位。從中國的情況來看，中國國有商業銀行股份制改革達到相對控股是較為理想的選擇，國有股權以保持在30%~50%為宜。為了能使國有商業銀行在股份制改革之後繼續保持國有的地位，可借鑑英國的經驗發行黃金股。1979年以後英國政府在實施企業民營化時，為了確保國家的利益，發行由政府或財政部持有的黃金股即特權優先股，並制定了黃金股章程；即使將國有企業股份的100%公開轉讓而使其轉變成為民營企業，政府仍可通過黃金股和在實施的章程中規定的權利對企業行使管理控制。黃金股的優越權限可根據具體情況和需要來制定，例如英國政府在黃金股實施的章程中通常包括的主要權限有：限定特有個人持有股份；限制有關集團資產的處理；限制有關公司自發性的關閉和解散；限制發行有表決權的股份；規定董事的任命條件；指定英國人董事的條件，等。中國國有商業銀行在採用發行黃金股方法時，要特別注意處理好兩個方面的關係：既要利用特權優先股有效保護國家利益，又要防止政府利用特權優先股干預銀行業務活動。

---

① Megginson W L. The economics of bank privatization [J]. Journal of Banking & Finance, 2005, 29 (8-9): 1931-1980.

6.4.3　擴大銀行業向民營資本開放力度

從現實的角度來看，國有銀行改革和銀行業民營化是當前中國金融理論界研究的兩個熱點問題。前者傾向於用產權改革的方式改造存量，後者既強調產權改革也重視市場結構改革，更注重進行增量改革。銀行業改革到底是市場結構取向還是產權結構取向？從邏輯關係來說，兩者並不矛盾。而從中國銀行業體制改革的實踐歷程來看，政府在初期似乎比較傾向於市場結構改革，以增加銀行業競爭主體為主，主要表現為各種股份制商業銀行和城市商業銀行的設立。這些新機構的增設基本上沒有改變中國銀行業的產權結構，維持了政府嚴格控股的產權安排。而近年來，產權改革開始得到重視，這又主要表現為國有商業銀行股份制改造步伐加快，引進外部戰略投資者（主要是外國機構投資者），以實現公開上市為目標，但這種存量改革基本沒有增加銀行數量。另外，同時兼具市場結構和產權結構改革取向的民營銀行的新設，則尚無明顯進展。中國銀行應該實現股權多樣化，進一步完善公司治理結構，積極學習戰略投資者的先進管理經驗和銀行技術，提高表外業務能力，提高經營管理效率，加強風險管理。同時，政府需要加強金融生態建設，為銀行業的發展提供良好的外部環境。只有這樣，才能全面提高中國銀行業的效率，促進中國銀行業健康穩定的發展，以積極應對外資銀行的激烈競爭。

6.4.4　加強銀行業監管與國際接軌

一般而言，銀行股權結構決定銀行治理結構，但商業銀行的股權比例並不絕對地決定銀行的公司治理效應。銀行的公司治理效應還要受法律規範、文化傳統、經驗和技術等多重因素影響。所以改善商業銀行的股權治理效應，還要關注中國具體的國情因素。根據中國加入 WTO 時簽訂的相關協議，將在加入 WTO 五年內取消外資銀行在中國經營人民幣業務的地域限制和客戶限制，允許外資銀行對中國居民提供人民幣業務服務，即放開人民幣的零售業務。這就決定了近幾年是中國的銀行改革最為關鍵和迫切的時刻，各種改革方案紛紛出抬：原來的銀行的股份制改革上市，信用社改組為城市銀行和農村銀行，跨區域的股份制銀行成立，外資併購國內銀行的股權也是其中比較引人注目的金融改革措施之一。在嚴格的學術意義上，銀行併購，是指產權各自獨立的銀行雙方或者至少單方為銀行，其中一方以現金、股權或其他支付形式，通過市場購買、交換或其他有償轉讓方式，達到控制另一方股份或資產，實現銀行控股權轉移的行為。

在法律規制上，要首先建立起反壟斷的法律，原銀監會2003年制定的《境外金融機構投資入股中資金融機構管理辦法》[1] 規定：單個境外金融機構向中資金融機構投資入股比例不得超過20%；多個境外金融機構對非上市中資金融機構投資入股比例合計應低於25%；達到或超過25%的，對該非上市或上市金融機構按照外資金融機構實施監督管理。《境外金融機構投資入股中資金融機構管理辦法》中僅僅把25%的股權作為是否屬於內外資金融機構的判斷依據，並無針對存貸款市場集中度的相關反壟斷規定。比較之下，發達國家對銀行併購的法律規範比較詳細。如美國在這一領域制定的法律有《1890年謝爾曼法案（Sherman Antitrust Act）》《1914年克萊頓法案（Clayton Antitrust Act）》《1982年美國併購準則（American Merger Guidelines）》《1960年和1966年銀行兼併法案（The Bank Merger Act）》和《1994年瑞格—尼爾跨州銀行分支機構有效性法案（Riegle‐Neal Interstate Banking and Branching Efficiency Act）》。司法部和美聯儲都有權審核銀行併購行為：在《1982年美國併購準則》中，根據赫芬達爾‐赫希曼指數[2]（Herfindahl‐Hirschman Index，HHI）將市場集中度分為高、中、低三類，規定除低集中度的市場外，如果在其他兩類市場中併購後HHI上升100以上，司法部將持反對態度。根據《1994年瑞格—尼爾跨州銀行分支機構有效性法案》規定，跨州銀行併購行為的結果必須限定在不形成壟斷的程度內，即該項收購發生後，其存款市場份額不得超過全國銀行總存款的10%，或不得超過被收購銀行所在州全部銀行存款的30%，否則聯邦儲備體系有權制止。中國已出現外資金融機構控股國內銀行的情況，如無完善的法律規範，不排除外資將來在個別區域內壟斷資金借貸市場的可能性。

---

[1] 中國銀行業監督管理委員會令（2003年第6號），《境外金融機構投資入股中資金融機構管理辦法》，2003年12月8日，http://www.cbrc.gov.cn/chinese/home/docDOC_ReadView/295.html。

[2] 赫芬達爾‐赫希曼指數是指某一行業市場中各企業所占行業總收入或總資產百分比的平方和，它綜合考慮了企業規模分佈和集中度兩方面因素。

第七章　總結與展望

第一節　主要結論

　　本書研究的主題是：外資銀行進入對東道國銀行績效的影響，包括傳導路徑與影響路徑的理論分析及以發展中國家為考察對象的大樣本實證研究。希望通過相關理論與實證研究，為中國銀行業在全面開放條件下如何充分利用外資銀行進入提高自身績效、構築起自己的核心競爭力等問題得出一些有參考價值的結論。外資銀行進入對東道國銀行績效的影響主要通過產權效應和競爭效應等不同渠道產生作用，東道國銀行績效的變化是受到這種宏觀與微觀效應共同作用的結果。因此，外資銀行進入對東道國銀行績效的影響，不僅與外資銀行進入程度有關，還受到東道國特定市場初始條件（東道國經濟水準、金融發展水準和金融自由化程度等）的影響。圍繞著這一主題，本書按照提出問題、分析問題和解決問題的思路，從外資銀行進入與東道國銀行績效關係這一問題入手，首先分析外資銀行進入對東道國銀行績效影響的傳導路徑和機制，又進一步分析東道國特定市場環境對其影響，再在綜合考慮微觀與宏觀各種影響因素的基礎上，構建一個包含外資銀行進入對東道國銀行績效影響的分析模型。然後在理論基礎上對發展中國家銀行的數據進行實證研究，最後得出一系列對政府、銀行經營者有借鑑意義的研究結論與啟示。

　　基於發展中國家特定的制度背景，本書從外資銀行進入促進東道國銀行的產權效應和競爭效應分析，研究外資銀行進入與東道國銀行績效之間的關係，得出以下幾點結論：

　　（1）外資銀行進入可以改善發展中國家銀行業的產權結構，進而改變治理結構，改善發展中國家以國有制為主的銀行內部由治理機制不健全、外部治理機制不完善、國有股一股獨大等問題導致的銀行績效低下。外資持股還可以

通過發揮監督作用、管理和技術的溢出作用，以及建立健全激勵機制等途徑來改善被持股銀行績效。外資銀行進入可以提高東道國銀行體系的競爭程度，促進東道國銀行提升自身的技術和管理，提高經營績效。外資銀行還可以發揮溢出作用，促進東道國銀行業的技術提升與經營環境改善，進而提高東道國銀行績效。

（2）外資銀行進入對東道國銀行績效的影響存在典型的不對稱效應。由於各國或地區的經濟發展水準及要素稟賦等方面的差異，外資銀行進入對銀行體系效率的影響具有不平衡性，會受到東道國的經濟發展水準、金融發展水準和金融自由化程度等因素的影響。

（3）在金融開放的環境下，中國既要積極引入外資戰略投資者，發揮其有利作用，提高中國銀行和銀行體系效率；又要保持國有銀行國有股份的控股地位，適當向民營資本開放，防止外資控股造成的「外部人控制」問題，保證外資銀行進入對國內銀行績效提升最優作用的發揮，保證金融安全，避免效率的損失。此外，中國作為一個發展中國家，應該從更寬的視角而不僅僅是經濟效率的角度來看待銀行業股權開放，並採取積極措施推動大型中資銀行走出國門，在全球合理佈局，積極進行海外併購投資，走國際化發展路線。

第二節　研究展望

由於時間緊張以及資料收集困難等因素的限制，本書在研究中難免存在一些不足之處，但這些不足也為後續研究提供了新的方向。

首先，由於外資銀行大量進入發展中國家時間較短，研究中所選擇的發展中國家銀行研究樣本在時間和數量上存在局限性。另外，外資銀行在發展中國家銀行體系中所占比重仍較低，可能一些作用效應還沒有顯現或充分地顯現，因此在對發展中國家外資銀行作用效應的分析研究上可能還存在著一些遺漏甚至是比較大的遺漏。利用更新的數據庫，擴大研究中樣本公司的選擇範圍，延長數據的時間跨度，分別考慮外資銀行進入在短期和長期產生的影響，成了未來研究的一個努力方向。

其次，對銀行個體層面上的資料收集上有較大局限，影響研究的深入。在數據收集上，採用更新的、涵蓋範圍廣的數據庫，用實證研究對微觀層面外資銀行股權進入對東道國被參股銀行績效的影響進行驗證，構成了未來研究的另一個努力方向。

參考文獻

[1] Altunbas Y, Evans L, Molyneux P. Bank ownership and efficiency [J]. Journal of Money Credit & Banking, 2001, 33 (4): 926-954.

[2] Bandiera O, Caprio G, Honohan P, et al. Does financial reform raise or reduce saving? [J]. Review of Economics and Statistics, 2000, 82 (2): 239-263.

[3] Barajas A, Steiner R, Salazar N. The impact of liberalization and foreign investment in Colombia's financial sector [J]. Journal of Development Economics, 2000, 63 (1): 157-196.

[4] Barth J R, Caprio Jr G, Levine R. Banking systems around the globe: do regulations and ownership affect performance and stability? [M]. // [S. l.]: Prudential Supervision: What Works and What Doesn't. Washington, D. C.: University of Chicago Press, 2001: 31-96.

[5] Beck T, Demirgü-Kunt A, Levine R. A new database on financial development and structure [M]. The World Bank, 1999.

[6] Beck T, Levine R, Loayza N. Finance and the sources of growth [J]. Journal of Financial Economics, 2000, 58 (1-2): 261-300.

[7] Berger A N, Bonime S D, Goldberg L G, et al. The dynamics of market entry: the effects of mergers and acquisitions on entry in the banking industry [J]. Journal of Business, 2004, 77 (4): 797-834.

[8] Berger A N, Clarke G R G, Cull R, et al. Corporate governance and bank performance: a joint analysis of the static, selection, and dynamic effects of domestic, foreign, and state ownership [J]. Journal of Banking & Finance, 2005, 29 (8-9): 2179-2221.

[9] Berger A N, DeYoung R, Genay H, et al. Globalization of financial institutions: evidence from cross-border banking performance [J]. Brookings-Wharton

papers on financial services, 2000 (1): 23-120.

[10] Berger A N, Hancock D, Humphrey D B. Bank efficiency derived from the profit function [J]. Finance & Economics Discussion, 1992, 17 (2-3): 317-347.

[11] Berger A N, Hannan T H. The efficiency cost of market power in the banking industry: a test of the 「quiet life」 and related hypotheses [J]. Finance & Economics Discussion, 1998, 80 (80): 454-465.

[12] Berger A N, Hannan T H. The price-concentration relationship in banking [J]. The Review of Economics and Statistics, 1989, 71 (2): 291-299.

[13] Berger A N, Humphrey D B. Efficiency of financial institutions: international survey and directions for future research [J]. European Journal of Operational Research, 1997, 98 (2): 175-212.

[14] Berger A N, Klapper L F, Peria M S M, et al. Bank ownership type and banking relationships [J]. Journal of Financial Intermediation, 2008, 17 (1): 37-62.

[15] Bhaumik S K, Mukherjee P. The indian banking industry: a commentary [M]. [s. n.]: Macmillan, 2002.

[16] Blair D W, Placone D L. Expense-preference behavior, agency costs, and firm organization the savings and loan industry [J]. Journal of Economics and Business, 1988, 40 (1): 1-15.

[17] Bonin J P, Hasan I, Wachtel P. Bank performance, efficiency and ownership in transition countries [J]. Journal of banking & finance, 2005, 29 (1): 31-53.

[18] Bonin J P, Hasan I, Wachtel P. Privatization matters: bank efficiency in transition countries [R]. [s. n.]: William Davidson Institute, 2004, 29 (8-9): 2155-2178.

[19] Brealey R A, Kaplanis E C. The determination of foreign banking location [J]. Journal of International Money & Finance, 1996, 15 (4): 577-597.

[20] Buch C M. Why do banks go abroad? —Evidence from German Data [J]. Financial Markets Institutions & Instruments, 2000, 9 (1): 33-67.

[21] Buckley P J, Casson M C. Models of the multinational enterprise [J]. Journal of International Business Studies, 1998, 29 (1): 21-44.

[22] Buckley P J, Casson M C. The future of the multinational enterprise

[M]. London: Macmillan, 1976.

[23] Casson M C. Multinationals and intermediate product trade: a computable model [M]. London: Palgrave Macmillan, 1985.

[24] Caves D W, Christensen L R, Diewert W E. The economic theory of index numbers and the measurement of input, output, and productivity [J]. Econometrica: Journal of the Econometric Society, 1982, 50 (6): 1393-1414.

[25] Caves R E. International corporations: the industrial economics of foreign investment [J]. Economica, 1971, 38 (149): 1-27.

[26] Caves R E. Multinational firms, competition, and productivity in host-country markets [J]. Economica, 1974, 41 (162): 176-193.

[27] Charnes A, Cooper W W, Rhodes E. A data envelopment analysis approach to evaluation of the program follow through experiment in US public school education [R]. Pittsburg: Carnegie-Mellon Univ Pittsburgh Pa Management Sciences Research Group, 1978.

[28] Charnes A, Cooper W W, Lewin A Y, Seiford L M. Data envelopment analysis: theory, methodology, and applications [M]. [s. n.]: Springer Science & Business Media, 2013.

[29] Cho K R. Foreign banking presence and banking market concentration: the case of Indonesia [J]. The Journal of Development Studies, 1990, 27 (1): 98-110.

[30] Civelek M A, Al-Alami M W. An empirical investigation of the concentration-profitability relationship in the Jordanian banking system [J]. Savings and Development, 1991, 15 (3): 247-260.

[31] Claessens S, Demirgü-Kunt A, Huizinga H. How does foreign entry affect domestic banking markets? [J]. Journal of Banking & Finance, 2001, 25 (5): 891-911.

[32] Claessens S, Van Horen N, Gurcanlar T, et al. Foreign bank presence in developing countries 1995-2006: data and trends [J]. Social Science Electronic Publishing, 2008 (3).

[33] Clarke G R G, Crivelli J M, Cull R. The direct and indirect impact of bank privatization and foreign entry on access to credit in Argentina's provinces [J]. Journal of Banking & Finance, 2005, 29 (1): 5-29.

[34] Clarke G R G, Cull R, Shirley M M. Bank privatization in developing

countries: a summary of lessons and findings [J]. Journal of Banking & Finance, 2005, 29 (8-9): 1905-1930.

[35] Clarke G, Cull R, Sánchez S M. Foreign bank entry: experience, implications for developing economies, and agenda for further research [J]. World Bank Research Observer, 2003, 18 (1): 25-59.

[36] Coase R H. The Nature of the Firm [J]. Economica, 1937, 4 (16): 386-405.

[37] Cornett M M, Guo L, Khaksari S, et al. The impact of state ownership on performance differences in privately-owned versus state-owned banks: an international comparison [J]. Journal of Financial Intermediation, 2010, 19 (1): 74-94.

[38] Crystal J S, Dages B G, Goldberg L S. Does foreign ownership contribute to sounder banks in emerging markets? The Latin American experience [R]. New York: Federal Reserve Bank, 2001.

[39] Dages B G, Goldberg L S, Kinney D. Foreign and domestic bank participation in emerging markets: lessons from Mexico and Argentina [J]. Social Science Electronic Publishing, 2000, 6 (9): 17-36.

[40] Demirgü-Kunt A, Huizinga H. Determinants of commercial bank interest margins and profitability: some international evidence [J]. The World Bank Economic Review, 1999, 13 (2): 379-408.

[41] Demirgü-Kunt A, Levine R, Min H G. Opening to foreign banks: Issues of stability, efficiency, and growth [J]. The implications of globalization of world financial markets, 1998: 83-115.

[42] Demsetz H. Toward a theory of property rights [J]. The American Economic Review, 1967, 57 (2): 347-359.

[43] Denizer C, Dinc M, Tarimcilar M. Measuring banking efficiency in the pre-and post-liberalization environment: evidence from the Turkish banking system [M]. [s. n.]: World Bank Publications, 2000.

[44] Detragiache E, Tressel T, Gupta P. Foreign banks in poor countries: theory and evidence [J]. The Journal of Finance, 2008, 63 (5): 2123-2160.

[45] Deyoung R, Nolle D E. Foreign-owned banks in the United States: earning market share or buying it? [J]. Journal of Money Credit & Banking, 1996, 28 (4): 622-636.

[46] Diamond D W, Dybvig P H. Bank runs, deposit insurance, and liquidity [J]. Journal of political economy, 1983, 91 (3): 401-419.

[47] Din I S. Politicians and banks: political influences on government-owned banks in emerging markets [J]. Journal of Financial Economics, 2005, 77 (2): 453-479.

[48] Dunning J H. International production and the multinational enterprise [M]. [s. n.]: Allen & Unwin, 1981.

[49] Dunning J H. Trade, Location of economic activity and the MNE: a search for an eclectic approach [J]. International Allocation of Economic Activity, 1977 (1023): 203-205.

[50] Engerer H, Schrooten M. Do foreign banks improve financial performance? Evidence from EU accession countries [R]. Berlin: DIW Berlin, 2004.

[51] Esperanca J P, Gulamhussen M A. A note on foreign bank investment in the USA [J]. Applied Financial Economics, 2002, 12 (1): 39-46.

[52] Fama E F. Banking in the theory of finance [J]. Journal of Monetary Economics, 1980, 6 (1): 39-57.

[53] Fama E F. Efficient capital markets: a review of theory and empirical work [J]. Journal of Finance, 1970, 25 (2): 383-417.

[54] Focarelli D, Pozzolo A F. The patterns of cross-border bank mergers and shareholdings in OECD countries [J]. Journal of banking & Finance, 2001, 25 (12): 2305-2337.

[55] Focarelli D, Pozzolo A F. Where do banks expand abroad? An empirical analysis [J]. The Journal of Business, 2005, 78 (6): 2435-2464.

[56] Frischtak C, Newfarmer R S, Dunning J H. Market structure and industrial performance [M]. [s. n.]: Taylor & Francis, 1994.

[57] Frydman R, Gray C, Hessel M, et al. The limits of discipline: ownership and hard budget constraints in the transition economies [J]. Economics of Transition, 2000, 8 (3): 577-601.

[58] Galindo A J, Micco A, Powell A. Loyal lenders or fickle financiers: foreign banks in Latin America [R]. Idb Publications, 2005 (12).

[59] Galindo A J, Micco A, Serra C M. Better the devil that you know: evidence on entry costs faced by foreign banks [J]. Social Science Electronic Publishing, 2003 (1).

[60] Gerschenkron A. Economic backwardness in historical perspective: a book of essays [R]. Cambridge, MA: Belknap Press of Harvard University Press, 1962.

[61] Goldberg L G, Grosse R. Location choice of foreign banks in the United States [J]. Journal of Economics & Business, 2004, 46 (5): 367-379.

[62] Gray J M, Gray H P. The multinational bank: a financial MNC? [J]. Journal of Banking & Finance, 1981, 5 (1): 33-63.

[63] Grigorian D A, Manole V. Determinants of commercial bank performance in transition: an application of data envelopment analysis [M]. Washington, D C: The World Bank, 2002.

[64] Guillen M, Tschoegl A. At last the internationalization of retail banking? The case of the spanish banks in latin america [J]. Center for Financial Institutions Working Papers, 2000, 9 (5): 225-237.

[65] Haas R D, Lelyveld I V. Foreign banks and credit stability in central and Eastern Europe. a panel data analysis [J]. Journal of Banking & Finance, 2006, 30 (7): 1927-1952.

[66] Hasan I, Marton K. Development and efficiency of the banking sector in a transitional economy: Hungarian experience [J]. Journal of Banking & Finance, 2003, 27 (12): 2249-2271.

[67] Hermes C L M, Lensink B W. The impact of foreign bank entry on domestic banks in less developed countries: an econometric analysis [J]. Foreign Banks & Economic Transition, 2002: 322-324.

[68] Hermes N, Lensink R. Foreign bank presence, domestic bank performance and financial development [J]. Journal of Emerging Market Finance, 2004, 3 (2): 207-229.

[69] Jemric I, Vujcic B. Efficiency of banks in croatia: a DEA approach [J]. Comparative Economic Studies, 2002, 44 (2-3): 169-193.

[70] Keeton W R, Matsunaga L. Profits of commercial banks in tenth district states [J]. Economic Review, 1985, 70 (6): 3-21.

[71] Knickerbocker F T. Market structure and market power consequences of foreign direct investment by multinational corporations [M]. [s. n.]: Center for Multinational Studies, 1976.

[72] Krishnan K P. The Future of Financial Sector Reforms [R]. [s. n.]: 3rd ICRIER-InWEnt Annual, 2009.

[73] Kwan S H, Eisenbeis R A. An analysis of inefficiency in banking: A stochastic cost frontier approach [R] //San Francisco: Federal Reserve Bank of San Francisco, 1995.

[74] La Porta R, Lopez-de-Silanes F, Shleifer A. Government ownership of banks [J]. The Journal of Finance, 2002, 57 (1): 265-301.

[75] Lardy N R. Foreign financial firms in Asia [R]. Washington, DC: The Brookings Institution, 2001.

[76] Leibenstein H. Allocative efficiency vs.「X-Efficiency」[J]. American Economic Review, 1966, 56 (3): 392-415.

[77] Lensink R, Hermes N. The short-term effects of foreign bank entry on domestic bank behaviour: does economic development matter? [J]. Journal of Banking & Finance, 2004, 28 (3): 553-568.

[78] Levine R, Loayza N, Beck T. Financial intermediation and growth: causality and causes [J]. Journal of Monetary Economics, 2000, 46 (1): 31-77.

[79] Levine R. Foreign banks, financial development, and economic growth [J]. International Financial Markets: Harmonization versus competition, 1996, 7: 224-54.

[80] Levine R. The corporate governance of banks: a concise discussion of concepts and evidence [J]. Policy Research Working Paper Series, 2004 (3): 91-107.

[81] Majnoni G, Shankar R, Varhegyi E. The dynamics of foreign bank ownership: Evidence from Hungary [M]. [s. n.]: The World Bank, 2003.

[82] Malmquist S. Index numbers and indifference surfaces [J]. Trabajos De Estadistica, 1953, 4 (2): 209-242.

[83] Markowitz H M. Portfolio Selection [J]. Journal of Finance, 1952 (1): 77-91.

[84] Martin S, Parker D. The impact of privatisation [M]. London: Routledge, 1997.

[85] Mathieson D J, Roldos J. The Role of foreign banks in emerging markets [R]. New York: IMF-World Bank-Brookings Institution Conference on Financial Markets and Development, 2001.

[86] McManus, J C. The theory of the multinational firm [M]. Ontario: Collier Macmillan, 1972.

[87] Megginson W L. The economics of bank privatization [J]. Journal of Banking & Finance, 2005, 29 (8-9): 1931-1980.

[88] Merton R C. A functional perspective of financial intermediation [J]. Financial Management, 1995, 24 (2): 23-41.

[89] Micco A, Panizza U. Bank ownership and lending behavior [J]. Economics Letters, 2006, 93 (2): 248-254.

[90] Mihaljek D. Privatisation, consolidation and the increased role in foreign banks [R]. [s. n.]: BIS Papers, 2006: 28, 41-65.

[91] Miller S R, Parkhe A. Patterns in the expansion of U. S. banks' foreign operations [J]. Journal of International Business Studies, 1998, 29 (2): 359-389.

[92] Molyneux P, Forbes W. Market structure and performance in European banking [J]. Applied Economics, 1995, 27 (2): 155-159.

[93] Montgomery H. The role of foreign banks in post-crisis Asia: the importance of method of entry [R]. Tokyo: ADB Institute, 2003.

[94] Peek J, Rosengren E S. Implications of the globalization of the banking sector: the Latin American experience [C] //Boston: Conference Series-Federal Reserve Bank of Boston, 1998, 2000, 44: 145-170.

[95] Pi L, Timme S G. Corporate control and bank efficiency [J]. Journal of Banking & Finance, 1993, 17 (2-3): 515-530.

[96] Rugman, A M. Inside the multinationals [M]. New York: Columbia University Press, 1981.

[97] Sabi M. Comparative analysis of foreign and domestic bank operations in Hungary [J]. Journal of Comparative economics, 1996, 22 (2): 179-188.

[98] Sathye M. Efficiency of banks in a developing economy: the case of India [J]. European Journal of Operational Research, 2003, 148 (3): 662-671.

[99] Seth R, Nolle D E, Mohanty S K. Do banks follow their customers abroad? [J]. Financial Markets, Institutions & Instruments, 1998, 7 (4): 1-25.

[100] Tobin J. A general equilibrium approach to monetary theory [J]. Journal of Money Credit & Banking, 1969, 1 (1): 15-29.

[101] Uiboupin J. Short-term effects of foreign bank entry on bank performance in selected CEE countries [M]. [s. n.]: Eesti Pank, 2005.

[102] Unite A A, Sullivan M J. The effect of foreign entry and ownership struc-

ture on the Philippine domestic banking market [J]. Journal of Banking & Finance, 2003, 27 (12): 2323-2345.

[103] Verbrugge J A, Goldstein S J. Risk return, and managerial objectives: some evidence from the savings and loan industry [J]. Journal of Financial Research, 1981, 4 (1): 45-58.

[104] Verbrugge J, Megginson W L, Owens W L. State ownership and the financial performance of privatized banks: an empirical analysis [C] // [s. n.]: Proceedings of a policy research workshop at the World Bank. 1999: 1-34.

[105] Vickers J, Yarrow G. Economic perspectives on privatization [J]. Journal of Economic Perspectives, 1991, 5 (2): 111-132.

[106] Wang Y, Bayraktar N. Foreign bank entry, performance of domestic banks, and sequence of financial liberalization [R]. [s. n.]: The World Bank, 2004.

[107] Yamori N. A note on the location choice of multinational banks: the case of Japanese financial institutions [J]. Journal of Banking & Finance, 1998, 22 (1): 109-120.

[108] Yeyati E L, Micco A. Banking competition in Latin America [R]. [s. n.]: Latin American Competition Forum, 2003.

[109] Yildirim H, Philippatos G. Efficiency of banks: recent evidence from the transition economies of Europe, 1993-2000 [J]. European Journal of Finance, 2007, 13 (2): 123-143.

[110] Zajc P. A comparative study of bank efficiency in central and Eastern Europe: the role of foreign ownership [J]. International Finance Review, 2006, 6 (5): 117-156.

[111] 保羅·薩繆爾森, 威廉·諾德豪斯. 經濟學 [M]. 18版. 北京: 人民郵電出版社, 2008.

[112] 邊緒奎, 張秋菊. 外資銀行進入中國的經濟效應及其分析對策初探 [J]. 財經問題研究, 2002 (3): 40-42.

[113] 陳偉光, 肖晶. 外資銀行進入效應實證研究 [J]. 經濟學家, 2007 (1): 96-103.

[114] 成思危. 深化金融改革, 改善金融監管, 促進經濟金融協調發展 [C] // [出版地不詳]: 國際金融論壇年會, 2006.

[115] 遲國泰, 孫秀峰, 蘆丹. 中國商業銀行成本效率實證研究 [J]. 經

濟研究, 2005 (6): 104-114.

[116] 崔曉峰. 銀行產業組織理論與政策研究 [M]. 北京: 機械工業出版社, 2005.

[117] 丁志杰, 王秀山, 白欽先. 金融體系重組中國有銀行產權改革的國際經驗 [J]. 國際金融研究, 2002 (4): 27-31.

[118] 竇洪權. 銀行公司治理分析 [M]. 北京: 中信出版社, 2005.

[119] 樊綱. 公有制宏觀經濟理論大綱 [M]. 上海: 上海三聯書店, 1990.

[120] 付勝華. 中國銀行業對外開放現狀及政策建議 [J]. 中央財經大學學報, 2008 (2): 47-52.

[121] 高曉紅. 外資銀行進入與中國國有商業銀行改革困境的解除 [J]. 金融研究, 2000 (6): 40-49.

[122] 郭妍, 張立光. 外資銀行進入對中國銀行業影響效應的實證研究 [J]. 經濟科學, 2005 (2): 58-66.

[123] 韓繼雲. 在華外資銀行新的發展戰略及中資銀行應對措施 [J]. 國際貿易, 2006 (9): 38-44.

[124] 侯曉輝, 張國平. 所有權、戰略引資與中國商業銀行的效率 [J]. 世界經濟, 2008, 31 (5): 81-96.

[125] 黃冰格, 阮迪利. 超產權論對中國國有商業銀行改革的啟示 [J]. 現代管理科學, 2003 (12): 100-101.

[126] 黃靜. 外資銀行進入與轉軌國家東道國銀行業效率——基於中東歐國家及DEA方法的研究 [J]. 世界經濟研究, 2010 (1): 33-37.

[127] 黃雋. 銀行競爭與銀行數量關係研究——基於韓國、中國和臺灣的數據 [J]. 金融研究, 2007 (7): 78-93.

[128] 黃憲, 王方宏. 中國與德國的國有銀行效率差異及其分析 [J]. 世界經濟, 2003 (2): 71-78.

[129] 黃憲, 熊福平. 外資銀行進入對中國銀行業影響的實證研究 [J]. 國際金融研究, 2006 (5): 21-27.

[130] 金學群. 入世後外資銀行的競爭策略及其影響 [J]. 國際金融研究, 2003 (8): 62-65.

[131] 郎咸平. 咸平財評銀行改革: 產權無關論 [J]. 新財富, 2003 (1): 22-23.

[132] 李斌, 涂紅. 外資銀行進入對發展中國家銀行體系效率影響的經驗

檢驗 [J]. 上海金融, 2006 (7): 51-53.

[133] 李偉, 韓立岩. 外資銀行進入對中國銀行業市場競爭度的影響: 基於 Panzar-Rosse 模型的實證研究 [J]. 金融研究, 2008 (5): 87-98.

[134] 李曉峰, 王維, 嚴佳佳. 外資銀行進入對中國銀行效率影響的實證分析 [J]. 財經科學, 2006 (8): 16-23.

[135] 李豔虹. 股權結構與商業銀行績效: 國際比較與中國實證 [J]. 金融研究, 2008 (11): 138-145.

[136] 林毅夫, 李永軍. 中小金融機構發展與中小企業融資 [J]. 經濟研究, 2001 (1): 10-18.

[137] 林毅夫, 孫希芳. 銀行業結構與經濟增長 [J]. 經濟研究, 2008 (9): 31-45.

[138] 劉華, 盧孔標. 外資銀行對新興市場經濟國家銀行體系效率與穩定性的影響 [J]. 南方金融, 2006 (11): 54-56.

[139] 劉偉, 黃桂田. 中國銀行業改革的側重點: 產權結構還是市場結構 [J]. 經濟研究, 2002 (8): 3-11.

[140] 劉錫良, 凌秀麗. 中東歐國有銀行產權改革研究 [M]. 北京: 中國金融出版社, 2006.

[141] 毛澤盛, 吳潔, 劉敏樓. 外資銀行對中國信貸供給影響的實證研究 [J]. 金融研究, 2010 (1): 106-116.

[142] 錢水土, 朱鋒. 經濟發展水準、所有權與銀行效率——來自東南亞的經驗 [J]. 浙江學刊, 2007 (3): 179-184.

[143] 時旭輝. 國有商業銀行改革與中國銀行業的對內開放 [J]. 經濟與管理研究, 2004 (4): 7-11.

[144] 譚鵬萬. 外資銀行進入對中東歐國家內資銀行績效的短期影響研究——基於10國105家銀行的面板數據檢驗 [J]. 國際金融研究, 2007 (3): 45-53.

[145] 王聰, 譚政勛. 中國商業銀行效率結構研究 [J]. 經濟研究, 2007 (7): 110-123.

[146] 王鵬飛, 曹廷求. 外資銀行對中國的影響及其對策: 基於國際經驗的分析 [J]. 經濟與管理研究, 2005 (9): 46-50.

[147] 王一江, 田國強. 不良資產處理、股份制改造與外資戰略——中日韓銀行業經驗比較 [J]. 經濟研究, 2004 (11): 28-36.

[148] 魏煜, 王麗. 中國商業銀行效率研究: 一種非參數的分析 [J]. 金

融研究，2000（3）：88-96.

［149］伍志文，沈中華. 外資銀行股權進入和銀行績效的聯動效應——基於面板數據的分析［J］. 財經研究，2009，35（1）：111-121.

［150］項衛星，王達. 拉丁美洲、中東歐及東亞新興市場國家金融部門外國直接投資研究［J］. 國際金融研究，2008（4）：22-28.

［151］蕭松華，劉明月. 銀行產權結構與效率關係理論評析［J］. 國際金融研究，2004（5）：4-10.

［152］熊繼洲. 論國有商業銀行體制再造［M］. 北京：中國金融出版社，2004.

［153］徐忠，沈豔，王小康，沈明高. 市場結構與中國銀行業績效：假說與檢驗［J］. 經濟研究，2009（10）：75-86.

［154］姚樹潔，馮根福，姜春霞. 中國銀行業效率的實證分析［J］. 經濟研究，2004（8）：4-15.

［155］姚樹潔，姜春霞，馮根福. 中國銀行業的改革與效率：1995—2008［J］. 經濟研究，2011（8）：4-14.

［156］葉欣，馮宗憲. 外資銀行進入對本國銀行體系穩定性的影響［J］. 世界經濟，2004（1）：29-36.

［157］易綱，趙先信. 中國的銀行競爭：機構擴張、工具創新與產權改革［J］. 經濟研究，2001（8）：25-32.

［158］於良春，鞠源. 壟斷與競爭：中國銀行業的改革和發展［J］. 經濟研究，1999（8）：48-57.

［159］餘永定，張宇燕，鄭秉文. 西方經濟學［M］. 北京：經濟科學出版社，1997.

［160］張禮卿. 新興市場經濟體的銀行業開放及其影響［J］. 國際金融研究，2007（3）：27-33.

［161］張荔，張蓉. 外資銀行進入與東道國銀行體系的效率改進——新興市場國家的截面數據分析［J］. 南開經濟研究，2006（1）：127-136.

［162］張蓉. 外資銀行與拉美銀行體系的效率［J］. 拉丁美洲研究，2006，28（4）：52-59.

［163］張宗益，宋增基. 境外戰略投資者持股中國上市銀行的效果研究［J］. 南開管理評論，2010，13（6）：106-114.

［164］趙懷勇，王越. 論銀行規模經濟［J］. 國際金融研究，1999（4）：27-31.

[165] 趙昕, 薛俊波, 殷克東. 基於 DEA 的商業銀行競爭力分析 [J]. 數量經濟技術經濟研究, 2002, 19 (9): 84-87.

[166] 趙永樂, 王均坦. 商業銀行效率、影響因素及其能力模型的解釋結果 [J]. 金融研究, 2008 (3): 58-69.

[167] 周鴻衛, 韓忠偉, 張蓉. 中國商業銀行淨利差率影響因素研究——基於 1999—2006 的經驗證據 [J]. 金融研究, 2008 (4): 69-84.

[168] 周小全. 中國銀行業經濟績效決定因素——市場結構與產權結構 [J]. 投資研究, 2003 (7): 2-5.

後　記

　　本書是在我博士論文的基礎上，結合近些年所做研究，進行補充和完善形成的成果。外資銀行進入對東道國銀行績效的影響，是一項既具有重大理論與現實意義又極富挑戰性的選題。如何在已有理論與文獻基礎上有所創新，怎樣才能得出具有現實意義的研究結論，無不需要精妙的構思、嚴謹的邏輯、縝密的設計和確實的證據，但上述困難並未阻止本書的最終完成。現在回想起寫作中遇到困境時的每一次柳暗花明、峰回路轉，總離不開我的導師邱立成教授給予我的及時點撥與引導。恩師風範崇高，令我敬仰，平和質樸，讓人如坐春風，使我在學術研究道路上探索的同時在為人做事上亦大有長進。在此謹向恩師表達崇高的敬意和誠摯的感謝！

　　在南開大學的十年求學生涯中，能夠聆聽諸位知名教授的教誨，使我學到了豐富的專業知識與研究方法；在論文寫作中，同眾多同窗好友對學術的研討，都使我受益匪淺。進入大學工作後，與各位同事前輩的探討交流，開闊了我的學術視野；而與諸位勤學好問的學子在課堂與課下的互動，讓我真正理解了教學相長的含義。正是大家的支持和幫助，使得本書增色許多。

　　感謝出版社編輯張嵐老師在本書的出版過程中幫助我處理了大量的具體事宜，張老師認真負責的工作態度和積極主動的工作作風令我非常欽佩。

　　本書在研究過程中汲取了本領域眾多學者的已有研究成果，在此一併致謝。同時因本人能力和時間的限制，本書的研究尚有許多不足之處，歡迎各位專家學者批評指正，您中肯的建議和意見將使我在未來的研究中受益良多。

馬如靜

國家圖書館出版品預行編目（CIP）資料

外資銀行進入對東道國銀行績效影響研究 / 馬如靜 編著. -- 第一版.
-- 臺北市：財經錢線文化, 2020.05
　　面；　公分
POD版

ISBN 978-957-680-425-0(平裝)

1.外商銀行 2.銀行經營 3.績效管理

562.54　　　　　　　　　　　　　　　　109006699

書　　名：外資銀行進入對東道國銀行績效影響研究
作　　者：馬如靜 編著
發 行 人：黃振庭
出 版 者：財經錢線文化事業有限公司
發 行 者：財經錢線文化事業有限公司
E - m a i l：sonbookservice@gmail.com
粉絲頁：　　　　　網址：
地　　址：台北市中正區重慶南路一段六十一號八樓 815 室
8F.-815, No.61, Sec. 1, Chongqing S. Rd., Zhongzheng
Dist., Taipei City 100, Taiwan (R.O.C.)
電　　話：(02)2370-3310　傳　真：(02) 2388-1990

總 經 銷：紅螞蟻圖書有限公司
地　　址：台北市內湖區舊宗路二段 121 巷 19 號
電　　話：02-2795-3656 傳真：02-2795-4100　網址：

印　　刷：京峯彩色印刷有限公司（京峰數位）

本書版權為西南財經大學出版社所有授權崧博出版事業股份有限公司獨家發行電子書及繁體書繁體字版。若有其他相關權利及授權需求請與本公司聯繫。

定　　價：320 元
發行日期：2020 年 05 月第一版

◎ 本書以 POD 印製發行